ANALYSE RAISONNÉE

DU

DROIT FRANCAIS.

VI.

SUITE DE LA QUATRIÈME PARTIE.

AVIS AUX RELIEURS.

Ce Livre contient, 1°. la suite du titre des *Donations entre-vifs et testamentaires*, depuis la feuille 1 jusqu'à la feuille 12, terminée par la table du titre *des Donations et des Testamens.*

2°. Le titre XXVI *des Prescriptions*, et le titre XXVII ou Résumé général de tout l'ouvrage.

3°. La Table de réduction des articles du nouveau code.

4°. Le complément des Tables raisonnées insérées dans tout l'ouvrage.

5°. La Table alphabétique.

ANALYSE RAISONNEE

DU

DROIT FRANÇAIS,

Par la comparaison des dispositions des lois romaines, de celles de la coutume de Paris, et du nouveau Code des Français ;

PAR P. L. C. GIN,

ancien magistrat, membre de l'académie de législation, de la société académique des sciences, et de plusieurs autres sociétés savantes ; président de l'association de bienfaisance judiciaire et l'université de jurisprudence.

TOME SIXIEME.

PARIS,

GARNERY, Libraire, rue de Seine.

AN XII. — 1804.

VII.

De la forme des donations entre-vifs.

LE caractère distinctif des donations entre-vifs et des actes testamentaires, est la tradition et l'irrévocabilité; d'où résulte, quand le donataire ne livre pas à l'instant la chose donnée, l'obligation de rendre public le sacrifice qu'il a fait à la tendresse paternelle, aux liens du sang, à l'amitié, à la reconnoissance de tout ou de partie de son patrimoine, ou des fruits de son travail et de son économie, afin que ceux qui se proposent de contracter avec lui ne l'ignorent pas.

(1) Dans les dons de choses mobiliaires, la seule tradition de la main à la main pro-

duit tous ces effets ; car le meuble est censé appartenir à celui en la possession duquel il se trouve.

Il n'en est pas ainsi dans la donation d'une universalité de meubles, de droits, d'immeubles, dont le donateur se réserve souvent l'usufruit. Il est nécessaire qu'il existe un acte qui constate et la volonté du donateur, et l'acceptation du donataire, et sa soumission aux conditions que le donateur a le droit d'imposer à sa libéralité.

Si cet acte étoit sous signature privée, même fait double, il n'auroit point de date certaine; il pourroit être soustrait, changé, modifié par le concours des deux parties contractantes: la donation entre-vifs n'auroit plus d'irrévocabilité.

« Tous les actes portant donation entre-» vifs seront passés pardevant notaires , et » *il en restera minute*, à peine de nullité. » *Ordonnance de* 1731. *Art.* 1er.

« Tous actes portant donation entre-vifs » seront passés devant notaires, en la forme » ordinaire des contrats, *et il en restera* » *minute*, à peine de nullité. » *Code civil*, ibid, *ch. III, art.* 221.

(2) La donation entre-vifs est un con-

trat ; elle exige donc le concours, l'engagement *synallagmatique* de deux volontés, de celle du donateur qui gratifie, et du donataire qui s'engage à la reconnoissance, n'y eût-il aucune condition onéreuse apposée à la donation.

Ces seuls mots, *présent et acceptant*, joints à la signature du donataire, à la déclaration qu'il ne sait ou ne peut signer, suffisent pour compléter le contrat.

Autrefois, en l'absence du donataire, le notaire se permettoit d'accepter pour lui ; ainsi, le même homme jouoit le double rôle de partie dans l'acte, et d'officier public destiné à en assurer l'authenticité.

Jamais la jurisprudence n'autorisa cette cumulation de qualités ; l'article V de l'ordonnance de 1731 la proscrit expressément : « Défendons (porte cet article) à tous no- » taires ou tabellions d'accepter les dona- » tions, comme stipulans, pour les dona- » taires absens, à peine de nullité desdites » stipulations. »

La même ordonnance et le nouveau code repoussent tous les faits dont on voudroit induire, de la part du donataire, une acceptation tacite.

« L'acceptation de la donation sera ex-
» presse, sans que les juges puissent avoir
» aucun égard aux circonstances dont on
» prétendroit induire une acceptation tacite
» ou présumée; et ce quand même le dona-
» taire auroit été présent à l'acte de dona-
» tion, et qu'il l'auroit signé, ou quand il
» seroit entré en possession des choses don-
» nées. » *Ordonnance de* 1731, *art. VI.*

« La donation entre – vifs n'engagera le
» donateur et ne produira aucun effet que
» du jour qu'elle aura été acceptée *en termes*
» *exprès.*» Code civil, *ibid*, art. 222.

L'ordre naturel semble exiger que la disposition et l'acceptation soient contenus
dans le même acte; et cependant ni l'ordonnance de 1731, ni le nouveau code,
ne portent jusqu'à ce point la rigueur. La
donation peut être acceptée, du vivant du
donateur, par un acte postérieur, dans les
termes prescrits par la nouvelle loi.

« Les donations entre-vifs, même celles
» qui seroient faites en faveur de l'église,
» ou pour causes pies, ne pourront engager
» le donateur, ou produire aucun effet que
» du jour qu'elles auront été acceptées par
» le donataire, ou par son fondé de procu-

» ration générale ou spéciale , dont la pro-
» curation demeurera annexée à la minute
» de la donation ; et , en cas qu'elle eût été
» acceptée par une personne *qui auroit dé-*
» *claré se porter fort pour le donataire*
» *absent, ladite donation n'aura effet que*
» *du jour de la ratification expresse que*
» *ledit donataire en aura faite , par acte*
» *passé pardevant notaire, duquel il res-*
» *tera minute...* » Ordon. de 1751 , art. V.

« L'acceptation pourra être faite, *du vi-*
» *vant du donateur*, par un acte postérieur
» et authentique, dont il restera minute ;
» mais alors la donation n'aura effet, à
» l'égard du donateur , que du jour que
» l'acte qui constatera cette acceptation lui
» aura été notifié. » *Code civil , art.* 322.

N. B. Ces mots , *du vivant du donateur* ; car après
la mort du donateur, l'acte imparfait ne peut plus
revivre. S'il en étoit autrement, il seroit facile , par
un concert frauduleux entre le donateur et le donataire, de transformer la donation entre-vifs en disposition à cause de mort.

« Si le donataire est majeur , l'accepta-
» tion doit être faite par lui, ou en son
» nom, par la personne *fondée de sa pro-*
» *curation , portant pouvoir d'accepter la*

» *donation faite , ou un pouvoir général*
» *d'accepter les donations qui auroient ou*
» *qui pourroient être faites.*

» Cette procuration devra être passée
» devant notaire, et une expédition annexée
» à la minute de l'acceptation qui seroit
» faite par acte séparé. » *Code civil*, ibid,
art. 223.

L'acceptation faisant partie du contrat,
n'est valable que de la part de ceux qui sont
capables de contracter.

Ainsi, le mineur, l'interdit, ne peuvent
accepter les donations que sous l'autorité
de leurs tuteurs et curateurs.

Exception en faveur des père et mère et
autres ascendans.

« Si le donateur est mineur de vingt-cinq
» ans (aujourd'hui de vingt-un), ou inter-
» dit par autorité de justice, l'acceptation
» pourra être faite pour lui , soit par son
» tuteur ou curateur, soit *par son père ou*
» *mère , ou autres ascendans*, MÊME DU
» VIVANT DU PÈRE ET DE LA MÈRE, sans qu'il
» soit besoin d'avis de parens pour rendre
» ladite acceptation valable.» *Ordonnance*
de 1731 , *art. VII.*

« La donation faite à un mineur non-

» émancipé devra être acceptée par son tu-
» teur, conformément à l'art. 347 du titre
» *des Minorités.* » (*Voyez* ci-dessus, titre
des Personnes.)

« Le mineur émancipé pourra accepter,
» avec l'assistance de son curateur.

» Néanmoins le père et la mère du mineur
» émancipé ou non - émancipé, ou leurs
» autres ascendans, *même du vivant des*
» *père et mère,* quoiqu'ils ne soient ni tu-
» teurs ni curateurs, pourront accepter
» pour lui. » *Code civil,* ibid, *art.* 225.

Dans notre droit coutumier, la femme
mariée ne pouvoit ni ester en jugement,
ni contracter sans l'autorisation de son mari.
Ce droit ne tenoit point à la communauté
conjugale ; il faisoit partie du droit public
et des mœurs de la nation. La femme ne pouvoit donc, sans ce consentement et cette autorisation, accepter aucune donation entre-vifs.

Dans les pays de droit écrit, on distinguoit le bien dotal du paraphernal ; j'ai expliqué ce mot. Le mari étoit maître de la dot ;
la femme étoit, à cet égard, dans la dépendance la plus absolue ; la loi seule veilloit à
la conservation du patrimoine de la femme.
Elle étoit, en ce point, dans la même inca-

pacité que dans le pays coutumier ; mais elle disposoit à son gré de son paraphernal. Elle pouvoit donc, sans autorisation de son époux, accepter les donations qui lui étoient faites, pour lui tenir lieu de paraphernal.

« Les femmes mariées, même celles qui
» ne seront communes en biens, ou qui au-
» ront été séparées par sentence ou arrêt,
» ne pourront accepter aucune donation
» entre-vifs, sans être autorisées par leur
» mari, ou par justice, à leur refus.

» N'entendons néanmoins rien innover
» sur ce point, à l'égard des donations qui
» seroient faites à la femme pour lui tenir
» lieu de paraphernal, dans les pays où les
» femmes mariées peuvent avoir des biens
» de cette qualité. » *Ord. de* 1731 , *art. IX.*

Le nouveau code n'admet pas la distinction du bien dotal et du paraphernal ; l'incapacité subsiste dans toute sa force pour le tout.

« La femme mariée ne pourra accepter
» une donation sans le consentement de son
» mari, ou, en cas de refus du mari, sans
» autorisation de justice, conformément à
» ce qui est prescrit par les articles 212 et
» 213, au titre *du Mariage.* » Code civil,
ibid, art. 224.

Première exception. Le contrat de mariage est un traité entre deux familles prêtes
à s'unir par des liens sacrés; sa solennité, sa
faveur, ne permettent pas de l'embarrasser
par des formes non essentielles à la stabilité
de l'engagement. Le consentement des futurs
époux, assistés de leurs parens, emporte
acquiescement aux lois qu'ils s'imposent,
tant pour eux que pour leur postérité.

« N'entendons..... comprendre dans la
» disposition des articles précédens, sur
» la nécessité et la forme de l'acceptation
» des donations entre-vifs, celles qui se-
» roient faites par contrat de mariage aux
» conjoints ou à leurs enfans à naître, soit
» par les conjoints eux-mêmes, ou par les
» ascendans, ou parens collatéraux, *même*
» *par des étrangers*, lesquelles donations
» ne pourront être attaquées ni déclarées
» nulles, sous prétexte de défaut d'accepta-
» tion. » *Ordonnance de* 1731, *article XI.*

« Les donations, faites en faveur de ma-
» riage, ne pourront être attaquées, ni
» déclarées nulles, sous prétexte de défaut
» d'acceptation. » *Code civil, ibid, chap.*
VIII, art. 376.

Deuxième exception. « Lorsqu'une do-

» nation aura été faite en faveur du dona-
» taire et des enfans qui en naîtront ; ou
» qu'elle aura été chargée de substitution
» au profit desdits enfans ou autres per-
» sonnes nés ou à naître, elle vaudra en
» faveur desdits enfans ou autres personnes,
» par la seule acceptation dudit donataire,
» encore qu'elle ne soit pas faite par contrat
» de mariage, et que les donateurs soient
» des collatéraux ou des étrangers. ».

Ordonn. de 1751 , art. XI.

« Voulons pareillement qu'en cas qu'une
» donation, faite à des enfans nés et à naître,
» ait été acceptée par ceux qui étoient déjà
» nés dans le temps de la donation, elle
» vaille, même à l'égard des enfans qui
» naîtront dans la suite, nonobstant le dé-
» faut d'acceptation faite de leur part, ou
» pour eux, encore qu'elle ne soit pas faite
» par contrat de mariage, et que les dona-
» teurs soient des collatéraux ou étrangers. »
Ibid , art. XII.

N. B. Les substitutions fidéi-commissaires sont
prohibées par l'article 186 du nouveau code. *Voyez*
au n° II ci-dessus , comment cet article s'applique à
la charge de restitution, au premier degré seulement,
que les père et mère ont droit d'imposer, comme
condition des donations qu'ils font à leurs enfans, soit

par contrat de mariage ou autrement ; les frères et
sœurs, au profit de leurs neveux et nièces.

Troisième exception. « Les institutions
» contractuelles et les dispositions à cause
» de mort, qui seroient faites dans un con-
» trat de mariage, même par des collaté-
» raux ou des étrangers, ne pourront être
» attaquées par défaut d'acceptation. »

Ordonn. de 1731, art. XIII.

Nous ferons connoître, dans la suite de
cette section, comment ces libéralités sont
conservées par le nouveau code.

Que ne peut le génie, secondé par un
violent amour de l'humanité !

La langue des signes, perfectionnée, a
conduit ces infortunés, dont la sensibilité
étoit connue, quand leur intelligence et leur
volonté sembloient un problème, de

L'art ingénieux

De peindre la pensée et de parler aux yeux,

qu'ils ont acquis, contre toute probabilité,
jusqu'aux leçons de la plus saine, de la plus
pure, de la plus sublime métaphysique.
L'abîme qui séparoit les sourds et muets de
la société est comblé.

Un nouvel ordre de choses exige de nouvelles lois,

« Le sourd et muet, qui saura écrire,
» pourra accepter lui - même ou par un
» fondé de pouvoir.

» S'il ne sait pas écrire, l'acceptation doit
» être faite par un curateur nommé à cet
» effet, suivant les règles établies au titre
» de la Minorité. » Code civil, ibid,
art. 226.

« Les donations faites au profit des hôpi-
» taux, des pauvres d'une commune, ou
» d'établissemens d'utilité publique, seront
» acceptées par les administrateurs de ces
» communes ou établissemens, après y
» avoir été autorisés. » Ibid, art. 227.

Sans que ces corporations, qui jouissent
des priviléges des mineurs, puissent être
restituées contre le défaut d'acceptation, sauf
leur recours, ainsi que celui des mineurs et
interdits contre leurs tuteurs, curateurs,
administrateurs ; *sans que la restitution
puisse avoir lieu, dans le cas même où
les tuteurs, curateurs, administrateurs se
trouveroient insolvables.* Ordonn. de 1731,
art. XIV. Code civil, ibid, art. 230.

N. B. L'article du nouveau code renferme la même
disposition relative au défaut d'insinuation ou de

transcription sur les registres publics, dans les délais prescrits par la loi ; mais cette matière exige quelques détails. N'anticipons pas sur l'ordre que nous nous sommes prescrit.

Quand les actes les plus importans de la société étoient livrés à la mémoire des témoins, reste de barbarie dont la législation romaine elle - même n'étoit pas exempte, (*voyez* le titre *des Instituts, de obligationibus ex consensu,*) il étoit nécessaire que le consentement des parties fût accompagné de quelques solennités. De là, dans les donations, ces signes représentatifs de la dépossession du donateur par la tradition des clefs, d'une motte de terre, etc. formules qui remontent à la plus haute antiquité.

Parmi nous, combien étoient nécessaires de telles solennités, quand les contestations les plus importantes ne se décidoient que par de enquêtes souvent meurtrières, dont l'incertitude n'étoit levée que par ce qu'ils nommoient *le jugement de Dieu,* c'est-à-dire, par les *épreuves* et les combats !

Dans quelques coutumes, le gouvernement féodal y joignoit son despotisme, en obligeant le vendeur, le donateur d'un immeuble, de se *dévétir* en la justice du seigueur qui *revétissoit* l'acquéreur ou le donataire de la propriété dont le vendeur ou le donataire s'étoit dessaisi ; d'où ces coutumes avoient pris le nom de *vest* ou de *dévest ;* vain simulacre devenu superflu par l'obligation, sous peine de nullité, de consigner dans un acte authentique la volonté des parties.

« La donation, dûment acceptée, sera
» parfaite par le seul consentement des par-
» ties ; et la propriété des objets donnés sera
» transmise au donataire, sans qu'il soit
» besoin d'autre tradition. » *Code civil,*
ibid, art. 229.

C'est ce qu'expriment les clauses de *constitut* et de *précaire,* insérées dans les donations entre-vifs, par lesquelles le donateur ayant transmis à son donataire la nue-propriété de la chose donnée, le donataire *le constitue* son fondé de pouvoir irrévocable, pour jouir, pendant sa vie, de la chose donnée ; et, de son côté, le donateur reconnoît n'avoir cette jouissance que *précairement* au nom du donataire, véritable propriétaire.

« Donner et retenir ne vaut. » *Coutume de Paris, art.* 273.

« Ce n'est donner et retenir quand l'on
» donne la propriété, retenu à soi l'usu-
» fruit, à vie ou à temps, ou quand il y a
» clause de *constitut* ou *précaire*, et vaut
» telle donation. » *Ibid, art.* 275.

Il en seroit de même, si le donateur disposant de l'usufruit, le transmettoit à un
tiers.

« Il est permis au donateur de faire la ré-
» serve à son profit, *ou à celui d'un autre,*
» de la jouissance ou l'usufruit des biens
» meubles ou immeubles donnés. » *Code
civil, ibid, art.* 289.

Les immeubles sont les mêmes, quelque
soit la durée de l'usufruit, si l'usufruitier a
eu soin d'y faire les réparations dont il est
tenu, le propriétaire les réparations foncières ; mais les meubles se détériorent par
l'usage ; et c'est cet usage que le donateur
s'est réservé.

« Lorsque la donation d'effets mobiliers
» aura été faite avec réserve d'usufruit, le
» donataire sera tenu, à l'expiration de
» l'usufruit, de prendre les effets qui se
» trouveront en nature, *dans l'état où ils
» seront,* et il aura action contre le dona-
» teur et ses héritiers, pour raison des ob-

» jets non existans, *jusqu'à concurrence de*
» *la valeur qui leur aura été accordée dans*
» *l'état estimatif,* » (dont il sera parlé ci-
après.) *Code civil , ibid , art.* 240.

« Il n'en est pas ainsi quand le donateur,
» (pour parler le langage de la coutume de
» Paris, art. 274) se réserve la puissance de
» disposer de la chose par lui donnée , ou
» qu'il demeure en possession jusqu'à son
» décès. »

Il n'y a plus alors de tradition ; l'acte offre
à l'extérieur une donation entre-vifs, dans
la réalité une disposition à cause de mort.

Recueillons les exemples de ces dispositions hermaphrodites , s'il est permis de
parler ainsi , que nous présentent , et l'ordonnance de 1731 , et le nouveau code.

Long-temps avant l'ordonnance de 1731,
la jurisprudence constante de tous les parlemens repoussoit les donations de biens
présens et à venir , comme une sorte d'institution contractuelle que la faveur du contrat de mariage peut seule autoriser.

La donation d'effets mobiliers qui ne renferme pas tradition actuelle , comme il arrive lorsque le donateur s'en est réservé
l'usufruit , a le même vice quand le dona-

teur n'a pas pris la précaution d'annexer à l'acte de donation un état, signé de lui et du donataire, du nombre et de la valeur des effets donnés; car il seroit au pouvoir du donateur d'augmenter ou de retrancher des biens donnés.

Tout cela étoit constant avant l'ordonnance ; mais ces nullités influent-elles sur la validité de la donation des biens présens dont le donataire a été saisi à l'instant de la donation ? Cette question donnoit lieu à de fréquens procès, décidés diversement par les parlemens.

L'ordonnance de 1731 considérant la donation universelle de tous les biens présens et à venir, de tout le mobilier qui se trouvera au décès du donateur, comme un tout indivisible, la déclara nulle, même pour les biens présens.

« Aucune donation entre-vifs ne pourra
» comprendre d'autres biens que ceux qui
» appartiendront au donateur, dans le temps
» de la donation.

» Et si elle renferme des meubles ou
» effets mobiliers, dont la donation ne con-
» tienne pas une tradition réelle, il en sera
» fait un état, signé des parties, qui demeu-

» rera annexé à la minute de la donation;
» faute de quoi, le donateur ne pourra pré-
» tendre aucun desdits meubles ou effets
» mobiliers, même contre le donateur ou
» ses héritiers.

» Défendons de faire, dorénavant, au-
» cune donation de biens présens et à venir,
» si ce n'est dans le cas ci-après marqué,
» (du contrat de mariage) à peine de nul-
» lité desdites donations, *même pour les*
» *biens présens;* et ce, encore que le do-
» nateur ait été mis en possession du vivant
» du donateur, desdits biens présens, en
» tout ou en partie. » *Ordonn. de* 1731,
art. XV.

Le nouveau code, établissant les mêmes
règles, ne porte pas si loin la rigueur.

Il voit, dans ces donations, deux actes
dans un seul; une donation entre-vifs con-
sommée par l'acceptation du donataire,
par la tradition réelle, soit de la pleine ou
de la nue propriété de l'objet donné; une
disposition à cause de mort, dont la quotité
ne sera certaine qu'au décès du donateur: il
maintient l'une, il annulle l'autre.

« La donation entre-vifs ne pourra com-
» prendre que les biens présens du dona-

» teur ; si elle comprend les biens à venir,
» elle sera nulle *à cet égard.* » Code civil,
ibid, art. 233.

« Aucune donation entre-vifs ne pourra
» comprendre d'autres biens que ceux qui
» appartiendront au donateur dans le temps
» de la donation ; et si elle renferme *des*
» *meubles et effets mobiliers,* dont la do-
» nation ne contienne pas tradition réelle,
» il en sera fait un état signé des parties,
» qui demeurera annexé à la minute de la
» donation ; faute de quoi, le donataire ne
» pourra prétendre aucun desdits meubles
» ou effets mobiliers, même contre le dona-
» teur ou ses héritiers. » *Ord. de* 1731, *art.* 15.

« Tout acte de donation d'effets mobiliers
» ne sera valable que pour les effets dont
» un état estimatif, signé du donateur et
› du donataire, ou de ceux qui acceptent
› pour lui, aura été annexé à la minute de
» la donation. » *Code civil, ibid, art.* 238.

« Toute donation faite sous des condi-
». tions dont l'exécution dépend de la vo-
» lonté du donateur, sera nulle. » *Ibid,*
art. 334.

Comme si le donataire s'obligeoit ,
comme condition de la donation, de payer

les dettes que le donateur laisseroit à son décès ; car alors il seroit au pouvoir du donateur de faire évanouir la libéralité par des engagemens réels ou simulés, postérieurs à la donation.

« Elle sera pareillement nulle, si elle a
» été faite sous condition d'acquitter d'au-
» tres dettes ou charges que celles qui exis-
» toient à l'époque de la donation, ou qui
» seroient exprimées, soit dans l'acte de do-
» nation, soit dans l'état qui devroit y être
» annexé. » *Code civil*, ibid, *art.* 335.

Ici le droit ancien et le droit nouveau sont pleinement d'accord.

« Les donations de biens présens seront
» également déclarées nulles, lorsqu'elles
» seront faites à condition de payer les
» dettes et charges de la succession du do-
» nateur en tout ou en partie, ou autres
» charges que celles qui existoient lors de
» la donation ; même de payer les légitimes
» des enfans du donataire ; au delà de ce
» dont ledit donataire peut être tenu de
» droit.... Laquelle disposition sera obser-
» vée généralement à l'égard de toutes les
» conditions dont l'exécution dépend de la

» volonté du donateur.... » *Ordonnance de* 1731 *, art. XVI.*

« En cas que le donateur se soit réservé » la liberté de disposer d'un effet compris » dans la donation, ou d'une somme fixe » sur les biens donnés, s'il meurt sans en » avoir disposé, ledit effet ou ladite somme » *appartiendra aux héritiers du donateur,* » nonobstant toutes dispositions à ce con-» traires. » *Code civil,* ibid, *art.* 235.

« En cas que le donateur se soit réservé » la liberté de disposer d'un effet compris » dans la donation, ou d'une somme fixe à » prendre sur les biens donnés, voulons » que ledit effet ou ladite somme ne puissent » être censés compris dans la donation, » quand même le donateur seroit mort sans » en avoir disposé; auquel cas ledit effet ou » ladite somme appartiendront aux héri-» tiers du donateur, nonobstant toutes » clauses ou stipulations contraires. ».

Ordonnance de 1731 *, art. XVI.*

Exception en faveur des donations faites aux futurs époux par contrat de mariage, soit de la part des ascendans, de collaté-raux ou d'étrangers. *Ordonnance de* 1731, *art. XVII et XVIII.* « Les quatre articles

» précédens ne s'appliquent point aux dona-
» tions dont est mention aux chap. VI et
» VII de ce titre. » *Code civil, art.* 237. (Ce
sont les donations par contrat de mariage,
et celles faites entre époux ; nous en traite-
rons séparément.)

Nous nous sommes occupés des conditions qui donnent atteinte à l'irrévocabilité
de la donation, par la facilité qu'auroit
le donateur de disposer de nouveau des
biens donnés ; hors ce cas, il est le maître
d'imposer à son donataire telles conditions
qu'il lui plaît.

L'article 313 de la coutume de Paris, devenu le droit commun de la France, adopté
par nos nouvelles lois, comme on l'a
prouvé au titre *des Successions*, établit un
ordre de succession exprès en faveur des
père, mère et autres ascendans, aux choses
par eux données à leurs enfans décédans sans
enfans ou descendans d'eux ; c'est ce qu'on
nomme le *retour légal*.

Le donateur, quel qu'il soit, peut prévoir le cas où son donataire le prédécé-
droit ; il peut stipuler ce droit de retour en
sa faveur, en cas de prédécès du donataire
sans enfans. C'est ce qu'on nomme *le retour*

conventionnel, qui a plus de force que le retour légal ; car celui - ci n'accorde aux ascendans qu'un droit de succession, qui valide toutes les aliénations faites par le donataire, qui assujétit l'ascendant donateur à contribuer aux dettes de la succession, jusqu'à concurrence de l'émolument qu'il en retire ; l'autre résulte d'une condition inhérente à la donation, qui la détruit dans son principe, et remet les biens donnés entre les mains du donataire, francs et quittes de toutes aliénations, de toutes charges imposées par le donataire. (*Voyez Ricard, traité des Donations, partie III, ch. VI, sect. IV, n°. 798 et suiv.*)

L'unique différence qui se rencontre ici entre nos lois anciennes et nouvelles, consiste en ce que le nouveau code restreint le retour conventionnel au *donateur* seul ; autrement il dégénéreroit en une sorte de substitution. Ce seroit, de la part du donateur qui auroit imposé cette condition, tant pour lui que pour ses héritiers, une sorte de rétention de la propriété des biens donnés, qui les livreroit à une incertitude perpétuelle.

« Le donateur pourra stipuler le droit

» de retour des objets donnés , soit pour le
» cas du prédécès du donataire seul , soit
» pour le cas du prédécès du donataire et
» de ses descendans.

» *Ce droit ne pourra être stipulé qu'au*
» *profit du donateur seul.* » Code civil,
ibid , art. 241.

« L'effet de ce droit de retour sera de ré-
» soudre toutes les aliénations des biens
» donnés , et de les faire revenir au dona-
» teur francs et quittes de toutes charges
» et hypothèques, *sauf néanmoins l'hy-*
» *pothèque de la dot et des conventions*
» *matrimoniales , si les autres biens de*
» *l'époux donataire ne suffisent pas* ; et
» dans le cas seulement où la donation lui
» auroit été faite par le même contrat de
» mariage , duquel résultent ces droits et
» hypothèques. » *Ibid,* art. 242.

Passons à la publicité nécessaire aux donations entre-vifs.

(3) L'insinuation , dans notre ancien
droit, la transcription dans les bureaux des
hypothèques , depuis l'introduction parmi
nous du nouveau régime hypothécaire, sont
les deux moyens employés par nos lois anciennes et modernes pour opérer cette publicité.

La nécessité de l'insinuation des donations entre-vifs, fut inconnue dans tout l'ancien droit romain. Constantin l'exigea le
premier, par *la loi* 25, C. de Don ; Théodose en exempta les donations à cause de
noces, *L. ult. C. Théod. de Spons.* Justinien, par la loi 54, au code *de Don*, en
exempta toutes les donations qui n'excèderoient pas trois cents écus d'or ; et par la
loi 16, C. *de Sacr. Ecclesiis,* toutes celles
faites aux églises, ou pour causes pies, qui
n'excèderoient pas cinq cents écus d'or,
comme si la sainteté de l'objet étoit un
titre de dispense d'une loi qui intéresse la
sûreté publique.

Les extensions données par les novelles à
ces dispenses furent immenses.

Parmi nous, l'édit de François Ier, donné
à Villers-Cotteret, au mois de février 1539,
est la première loi qui mit un frein à cette
clandestinité.

« Nous voulons, porte cette loi, art. 132,
» que toutes donations qui seront faites ci-
» après, par et entre nos sujets, soient in-
» sinuées et enregistrées en nos cours et
» jurisdictions ordinaires des parties et des
« choses données; *autrement seront répu=*

» *tées nulles*, et ne recommenceront à
» avoir leur effet que du jour de ladite insi-
» nuation ; *et ce quant aux donations*
» *faites en la présence des donataires*,
» *et par eux acceptées.* »

Disposition confirmée et développée, dix-
huit ans après, par l'art. 58 de l'ordonnance
de Moulins, rendue sur le vœu des états-
généraux du royaume.

« Et pour ôter, *à l'avenir*, toutes oc-
» casions de fraudes et de doutes qui pour-
» roient être mues entre nos sujets, pour
» l'insinuation des donations qui seront ci-
» après faites, avons ordonné que doréna-
» vant *toutes donations faites entre-vifs*,
» *mutuelles, réciproques, onéreuses, en*
» *faveur de mariage*, et autres, de quel-
» que forme et qualités qu'elles soient faites
» entre-vifs, comme dit est, seront insi-
» nuées et enregistrées ès greffes de nos
» siéges ordinaires de *l'assiette des choses*
» *données et du domicile des parties*,
» dans quatre mois, à compter du jour de
» la date d'icelles donations, pour le regard
» des biens et personnes, et dans six mois,
» pour ceux qui seront hors de notre
» royaume : *autrement, et à faute de la-*

» *dite insinuation, seront et demeureront*
» *lesdites donations nulles et de nul ef-*
» *fet, tant* POUR LE REGARD DU CRÉANCIER
» QUE DE L'HÉRITIER DU DONNANT.

» Et si, dans ledit temps, ledit donnant
» ou donataire décédoit, pourra néanmoins
» ladite insinuation être faite, dans ledit
» temps, à compter du jour dudit contrat
» comme dessus.

» Sans que cette présente ordonnance
» fasse aucun préjudice aux donations ci-
» devant faites, et droits acquis à nos sujets
» à cause d'icelles, ni aux instances mues et
» à mouvoir pour ce regard. » *Ordonnance
de Moulins, de l'an* 1566 *, art.* 58.

Quoique la coutume de Paris, réformée
en 1580, ait un titre entier concernant les
donations entre-vifs, on n'y trouve qu'un
seul article où il soit parlé de l'insinuation,
et il ne s'agit dans cet article que du don
mutuel entre conjoints.

« Un don mutuel.... pour être valable,
» doit être insinué dans les quatre mois du
» jour du contrat, et l'insinuation faite par
» l'un d'eux vaut pour tous deux ; après la-
» quelle insinuation, ledit don mutuel n'est
» révocable, sinon du consentement des

» deux conjoints. » *Coutume de Paris,*
art. 284.

Que serviroit de nous appesantir sur une
forme de donations qui ne subsiste plus,
comme nous le dirons dans un instant !

L'ordonnance de 1731 avoit réuni en peu
d'articles, et décidé toutes les questions que
la jurisprudence des parlemens avoit laissées
jusqu'alors incertaines.

Ses dispositions sont adoptées par le nouveau code, à quatre différences près.

1°. Que la loi nouvelle substitue les bureaux des hypothèques aux registres des in-
sinuations que l'ordonnance avoit établis
près des bailliages et sénéchaussées.

2°. Qu'au lieu de la double insinuation
que l'ordonnance exigeoit au greffe du bailliage et sénéchaussée du domicile du donateur, pour les meubles et effets mobiliers,
et aux greffes de la situation de chacun des
immeubles donnés, le nouveau code se borne
à la transcription au lieu de la situation des
immeubles ; seule nécessaire en effet, puisqu'ils sont seuls susceptibles d'hypothèque.

3°. Qu'au lieu que dans les donations
entre époux, l'ordonnance ne faisoit courir
le délai de l'insinuation contre la femme

mariée, que du jour du décès du mari donateur, supposé avoir mis obstacle à l'insinuation par le défaut de son autorisation, le
nouveau code supplée à cette distinction,
en dispensant la femme mariée de la nécessité de l'autorisation de son mari, pour faire
procéder à cette transcription de la donation
qui lui a été faite.

4°. Que le nouveau code ne fixe aucun
délai pour cette transcription ; mais autorise
tous ceux qui y ont intérêt à demander la
nullité de la donation, si cette formalité n'a
pas été remplie, sans espérance de restitution de la part des mineurs, des interdits,
de la femme mariée, des corps et commu-
nautés, sauf leur recours contre leurs tuteurs, curateurs, administrateurs.

« Lorsqu'il y aura donation de biens sus-
» ceptibles d'hypothèques, la transcription
» des actes contenant la donation et l'accep-
» tation, ainsi que la notification de l'accep-
» tation *qui auroit eu lieu par acte séparé,*
» devra être faite aux bureaux des hypo-
» thèques dans lesquels les biens sont situés. »
Code civil, ibid, *art.* 229.

« Cette transcription sera faite à la dili-
» gence du mari, lorsque les biens auront

» été donnés à sa femme ; et si le mari ne
» remplit pas cette formalité, la femme
» pourra y faire procéder, *sans autori-*
» *sation.*

» Lorsque la donation sera faite à des
» mineurs, à des interdits ou à des établis-
» semens publics, la transcription sera faite
» à la diligence des tuteurs, curateurs ou
» administrateurs. » *Ibid*, art. 230.

« Le défaut d'inscription pourra être op-
» posé par toutes personnes ayant intérêt ;
» *excepté toutes fois celles qui sont char-*
» *gées de faire faire ladite transcription,*
» *et le* DONATEUR. » *Ibid*, art. 231.

« Les mineurs, les interdits, les femmes
» mariées, ne seront point restituées contre
» le défaut d'acceptation ou de transcription
» des donations, *sauf leur recours contre*
» *leurs tuteurs ou maris, s'il y échoit,* ET
» SANS QUE LA RESTITUTION PUISSE AVOIR
» LIEU, DANS LE CAS MÊME OÙ LESDITS TU-
» TEURS OU MARIS SE TROUVEROIENT INSOL-
» VABLES. » *Ibid*, art. 232.

VIII.

Des exceptions à la règle de l'irrévocabilité des donations entre-vifs.

« Nous ordonnons en général, dit Justi-
» nien, que les donations entre-vifs de-
» meurent stables, si le donataire ne s'est
» montré ingrat envers le donateur, jusqu'à
» répandre contre lui des injures graves et
» atroces, porter sur lui ses mains impies,
» lui tendre des embûches, mettre sa vie
» en péril, s'emparer d'une partie considé-
» rable de sa fortune, refuser d'accomplir
» les conditions, soit écrites, soit non
» écrites, mais reconnues, qu'il a impo-
» sées à sa libéralité. Nous permettons,
» pour ces seules causes, si elles sont cons-
» tatées en jugement, par des preuves évi-
» dentes, de renverser la donation, afin
» que personne ne se croie autorisé, après
» s'être emparé du bien d'autrui, à se jouer
» de la bonne foi de celui qui a donné, et
» que le donateur n'éprouve pas le double
» malheur de perdre ce qui est à lui, et de
» demeurer en butte aux outrages de son
» ingrat donataire. »

*Generaliter sancimus omnes donatio-
nes lege confectas firmas, illibatasque
manere, si nondonationis acceptor ingratus erga donatorem inveniatur, ita ut
injurias atroces in eum effundat, vel
manus impias inferat, vel jacturæ molem
ex insidiis suis ingerat, quæ non levem
sensum substantiæ donatoris imponat, vel
quasdam conventiones, sive in scriptis
donationi impositas, sive sine scriptis
habitas, quas donationis acceptor spo-
pondit; minime implere voluerit. Ex his
enim tantum causis, si fuerint in judicium,
diluculis argumentis cognitionaliter approbatæ, etiam donationes in eos factas everti
concedimus, ne sit cuiquam licentia et
alienas res capere et frugalitatem irridere
donatoris, et ipsum iterum donatorem,
suasque res perdere, et præfatis malis
ab ingrato donationis acceptore affici.* L.
10, C. *de revoc. don.*

« La donation entre-vifs ne pourra être
» révoquée que pour l'inexécution des con-
» ditions sous lesquelles elle aura été faite,
» pour cause d'ingratitude, et pour cause
» de survenance d'enfans. » *Code civil,*
sect. II, art. 245.

Nous développerons, dans un moment, cette 3eme cause de révocation. Arrêtons-nous aux deux premières que la loi romaine, qui vient d'être citée, confond en une seule.

En effet, la reconnoissance étant le salaire de toute libéralité, celui qui se montre ingrat envers son bienfaiteur, manque à la première des conditions sous laquelle la donation lui a été faite.

L'une et l'autre de ces causes ont besoin d'être constatées en justice ; autrement l'irrévocabilité qui constitue l'essence des donations entre-vifs, seroit livrée à toute la fluctuation des passions humaines. *Ex his tantum causis, si fuerint in judicium diluculis argumentis cognitionaliter approbatæ, donationes..... everti concedimus.* « Pour ces seules causes, si elles sont cons-
» tatées en jugement par des preuves claires,
» nous permettons de renverser la dona-
» tion », dit la loi citée.

« La révocation pour cause d'inexécution
» des conditions, et pour cause d'ingrati-
» tude, n'aura jamais lieu de plein droit. »
Code civil, ibid, art. 246.

Tels sont les points de contact; voici maintenant les différences.

Successions. — Donations, etc. 3

La donation entre-vifs est un contrat synallagmatique; elle est viciée dans son essence, si la réciprocité en est bannie.

De là, trois conséquences.

1°. Le droit de réclamer la nullité du
contrat ne peut être couvert que par le
consentement exprès du donateur, ou la
prescription telle qu'elle a lieu pour les
actions personnelles.

2°. Si le donateur ou ses représentans
prouvent que les conditions sous lesquelles
la libéralité a été faite n'ont pas été rem-
plies, il n'y a plus de donation; les biens
donnés rentrent de droit dans les mains du
donateur, libres de toute charge et hypothèque du chef du donataire; le donateur ou
ses représentans exercent cette action, non-
seulement contre le donataire ou ses représentans, mais contre les détenteurs des biens
donnés, sauf leur recours de garantie.

Code civil, ibid, art. 244.

3°. La lecture de l'acte de donation suffit
pour décider ces sortes de questions; car
nos lois, qui repoussent la preuve testimoniale *contre et outre le contenu aux actes,*
n'admettroient pas, comme la loi romaine,

des conditions non écrites auxquelles le donataire seroit engagé.

Il n'en est pas ainsi d'une cause extrinsèque, telle que l'ingratitude du donataire.

L'ancienne jurisprudence livroit trop à l'arbitrage du juge les faits qui constatent ce motif de révocation ; le nouveau code les simplifie d'après la loi romaine.

« La donation entre-vifs ne pourra être
» révoquée, pour cause d'ingratitude, que
» dans les cas suivans :

» 1°. Si le donataire a attenté à la vie du
» donateur.

» 2°. S'il s'est rendu coupable envers lui
» de sévices, délits, ou injures graves.

» 3°. S'il lui a refusé des alimens. »

Ibid, art. 245.

De cette différence résultent des conséquences toutes contraires à celles qui viennent d'être exposées.

« 1°. La révocation, pour cause d'ingra-
» titude, ne préjudiciera ni aux aliénations
» faites par le donataire, ni aux hypothèques
» et autres charges qu'il aura pu imposer
» sur l'objet de la donation, *pourvu que le*
» *tout soit antérieur à l'inscription qui*
» *auroit été faite de l'extrait de la de-*

» *mande en révocation en marge de la*
» *transcription prescrite par l'art. 229.* »
(Ce qui tient lieu, dans le nouveau code,
pour les donations d'immeubles réels et de
leurs accessoires, de l'insinuation exigée
par nos anciennes lois.)

Non, toutefois, que le donataire ingrat
soit dispensé de restituer la valeur de l'objet
aliéné et les fruits qu'il a perçus.

« Dans le cas de révocation, le donataire
» sera condamné à restituer la valeur des
» objets aliénés, *eu égard au temps de la*
» *demande*, et les fruits, à compter du
» jour de cette demande. » *Ibid.*

2°. La demande en révocation, pour cause
d'ingratitude, ne peut être formée par les
héritiers du donateur, s'il ne l'a pas intentée
de son vivant, ni par le donateur lui-même
contre les héritiers du donataire ; car cette
action est assimilée à l'action en réparation
d'injures qui s'éteint par la mort du coupable. C'est la disposition précise de la loi
citée :

Hoc tamen usque ad primas personas
tantum modo stare censemus ; nulla li-
centia concedenda donatoris successo-
ribus hujus modi querimoniarum primor-

dium instituere. Et enim si ipse qui hoc passus est tacuerit, silentium ejus maneat semper, et non a posteritate ejus suscitari concedimus, vel adversus eum qui ingratus esse dicitur, vel adversus ejus successores. Ibid.

« Ce que nous ne pensons pas, (dit la
» loi citée) devoir s'étendre au delà du
» premier degré, ni qu'il doive être per-
» mis aux représentans du donateur de
» prendre l'initiative pour introduire de
» telles querelles. En effet, si celui qui a
» essuyé l'injure s'est tu, que son silence
» soit éternel ; nous ne permettons pas à la
» postérité de le réveiller de son sommeil,
» pour s'élever soit contre celui qu'on dit
» avoir été ingrat, ou contre ses repré-
» sentans. »

3°. A plus forte raison l'injure est-elle effacée par la réconciliation. Elle l'est même du vivant du donateur, par le long intervalle qui s'est écoulé entre le délit et la demande en révocation.

Hæc actio dissimulatione aboletur. Et ideo, si quis injuriam dereliquerit, hoc est, statim passus ad animum suum non revocaverit ; postea ex penitentiâ remis-

sam injuriam non poterit recolere. Inst. *de injuriis*, §. 12.

« La dissimulation de l'injure suffit pour
» écarter la demande en réparation ; et, par
« ce motif, si celui qui a essuyé l'injure n'y
» a pas paru sensible dans les premiers mo-
» mens, et qu'ensuite, se repentant de son
» silence, il veuille en poursuivre la ven-
» geance, il n'y sera pas reçu. »

Notre jurisprudence ancienne et le nouveau code fixent à une année la prescription
de l'injure.

« La demande en révocation, pour cause
» d'ingratitude, devra être intentée dans
» l'année, à compter du jour que le délit
» aura été commis par le donateur.

» Cette révocation ne pourra être de-
» mandée par le donateur contre les héri-
» tiers du donataire, ni par les héritiers du
» donateur contre le donataire, à moins que
» *dans ce dernier cas, l'action n'ait été in-
» tentée par le donateur*, OU QU'IL NE SOIT
» DÉCÉDÉ DANS L'ANNÉE DU DÉLIT. » *Code
civil, ibid, art.* 247.

Passons à la troisième cause de révocation des donations entre-vifs, empruntée
du droit romain par notre ancienne juris-

prudence, par l'ordonnance de 1731, par le nouveau code, et rendue générale, de particulière qu'elle étoit dans son origine, *la survenance d'enfans.*

Si unquam libertis patronus, filios non habens, bona omnia, vel partem aliquam facultatum fuerit donatione largitus ; et postea susceperit liberos, totum quidquid largitus fuerat, revertatur in ejusdem donatoris arbitrio ac ditione mansurum. L. 8, C. *de revoc. Don.*

« Si un patron, n'ayant point d'enfans,
» a fait donation à ses affranchis de tous ses
» biens, ou de quelque partie que ce soit
» de ses facultés, et qu'ensuite il ait des en-
» fans, que tout ce qu'il a donné retourne
» dans le domaine du donateur, pour en
» disposer à sa volonté. »

Cette cause de révocation est fondée sur la présomption que celui qui, n'ayant pas d'enfans, s'est dépouillé en faveur de ceux qui lui étoient chers, ne l'eût pas fait, s'il eût présumé qu'il auroit un jour une postérité à qui il doit ses premières affections. Ce sentiment est dans la nature. Il est digne de la surveillance de la loi de venir au secours de celui qu'une bienveillance indiscrête auroit un moment égaré ; un tel ordre de choses encourage la population. C'est par ces motifs qu'avant l'ordonnance de 1731, la jurisprudence uniforme de tous les parlemens avoit étendu les dispositions de cette loi, des patrons et des affranchis du droit romain, à tous les citoyens.

Le nouveau code copie littéralement les dispositions de l'ordonnance de 1731.

« Toutes donations entre-vifs, faites par » des personnes qui n'avoient point d'enfans » ou de descendans actuellement vivans, » dans le temps de la donation, *de quelque* » *valeur que lesdites donations puissent* » *être*, et à quelque titre qu'elles aient été » faites, et encore qu'elles fussent mutuelles » ou rémunératoires, *même celles qui au-* » *roient été faites en faveur de mariage,* » *par autre que par les conjoints ou les* » *ascendans*, demeureront révoquées, *de* » *plein droit,* par la survenance d'un en- » fant *légitime* du donateur, même d'un » posthume, ou par la légitimation d'un » enfant naturel par mariage subséquent, » et non par autre sorte de légitimation. » *Ordonnance de 1731, art. XXXIX.*

« Toutes donations entre-vifs, faites par

» personnes qui n'avoient point d'enfans ou
» de descendans actuellement vivans, dans
» le temps de la donation, *de quelque*
» *valeur que ces donations puissent étre,*
» et à quelque titre qu'elles aient été faites,
» et encore qu'elles fussent mutuelles ou
» rémunératoires, *même celles qui au-*
» *roient été faites en faveur de mariage,*
» *par autres que par les ascendans aux*
» *conjoints, ou par les conjoints l'un à*
» *l'autre,* demeureront révoquées *de plein*
» *droit,* par la survenance d'un enfant *légi-*
» *time* du donateur, même d'un posthume,
» ou par la légitimation d'un enfant natu-
» rel, par mariage subséquent, *s'il est né*
» *depuis la donation.* » Code civil, *ibid,*
art. 250.

N. B. Le code civil ajoute, relativement à l'enfant
naturel, légitimé par mariage subséquent, *né de-*
puis la donation; car s'il existoit auparavant, le
motif de la loi ne subsisteroit plus.

« Ladite révocation aura lieu, encore
» que l'enfant du donateur ou de la dona-
» trice fût conçu au temps de la donation. »
Ibid, art. XL.

« Cette révocation aura lieu, encore que
» l'enfant du donateur ou de la donatrice

» fût conçu au temps de la donation. » *Ibid,*
art. 251.

« La donation demeurera pareillement
» révoquée, *quand même le donataire*
» *seroit entré en possession des biens*
» *donnés, et qu'il y auroit été laissé par*
» *le donataire depuis la survenance de*
» *l'enfant ;* sans néanmoins que le dona-
» taire soit tenu de restituer les fruits par
» lui perçus, de quelque nature qu'ils
» soient, *si ce n'est du jour que la nais-*
» *sance de l'enfant, ou sa légitimation*
» *par mariage subséquent, lui aura été*
» *notifiée,* par exploit ou autre acte en
» bonne forme ; *et ce, quand même la*
» *demande pour rentrer dans les biens*
» *donnés n'auroit été formée que posté-*
» *rieurement à ladite notification.* » Ibid,
art. XLI.

« La donation demeurera pareillement
» révoquée, *quand même le donataire*
» *seroit entré en possession des biens*
» *donnés, et qu'il y auroit été laissé par*
» *le donateur depuis la survenance de*
» *l'enfant ;* sans néanmoins que le dona-
» taire soit tenu de restituer les fruits par
» lui perçus, de quelque nature qu'ils

» soient, *si ce n'est du jour que la nais-*
» *sance de l'enfant, ou sa légitimation*
» *par mariage subséquent, lui aura été*
» *notifiée* par exploit ou autre acte en
» bonne forme ; *et ce, quand même la*
» *demande pour rentrer dans les biens*
» *donnés n'auroit été formée que posté-*
» *rieurement à cette notification.* » Ibid,
art. 252.

N. B. 1°. Ainsi toute ratification de la donation par consentement tacite, postérieure à la naissance de l'enfant, est écartée ; car la loi veille plus encore à l'intérêt de l'enfant, qu'à celui du père donateur.

2°. L'article de l'ordonnance et celui du nouveau code font courir la restitution de fruits du jour de la notification, non de la demande en envoi en possession : c'est la conséquence de la révocation *de plein droit.*

« Les biens compris dans la donation ré-
» voquée *de plein droit* rentreront, dans
» le patrimoine du donateur, libres de
» toutes charges et hypothèques du chef
» du donataire, *sans qu'ils puissent de-*
» *meurer affectés, même subsidiaire-*
» *ment, à la restitution de la dot de la*
» *femme dudit donataire, reprises,*
» *douaire ou autres conventions matri-*
» *moniales ;* ce qui aura lieu, *quand*

» *même la donation auroit été faite en*
» *faveur du mariage du donataire , et*
» *insérée dans le contrat , et que le*
» *donataire se seroit obligé , comme cau-*
» *tion , par la donation , à l'exécution*
» *du contrat de mariage.* » Ibid , art. *XLII.*

« Les biens compris dans la donation
» révoquée *de plein droit* rentreront , dans
» le patrimoine du donateur , libres de
» toutes charges et hypothèques du chef
» du donataire , *sans qu'ils puissent de-*
» *meurer affectés , même subsidiairement,*
» *à la restitution de dot de la femme du*
» *donataire , de ses reprises , ou autres*
» *conventions matrimoniales ; ce qui aura*
» *lieu , quand même la donation auroit*
» *été faite en faveur du mariage du do-*
» *nataire , et insérée dans le contrat , et*
» *que le donateur se seroit obligé , comme*
» *caution , par la donation , à l'exé-*
» *cution du contrat de mariage.* » Ibid ,
art. 253.

Autres conséquences de la révocation *de*
plein droit.

« Les donations ainsi révoquées ne pour-
» ront revivre ou avoir leur effet, ni
» par la mort de l'enfant du donateur , ni

» par aucun acte confirmatif ; *et si le do-*
» *nateur veut donner les mêmes biens*
» *au même donataire, soit avant ou après*
» *la mort de l'enfant, par la naissance*
» *duquel la donation aura été révoquée,*
» *il ne le pourra faire que par une nou-*
» *velle disposition.* » Ibid, art. *XLIII.*

« Les donations ainsi révoquées ne pour-
» ront revivre ou avoir leur effet, ni par
» la mort de l'enfant du donateur, ni par
» aucun acte confirmatif ; *et si le donateur*
» *veut donner les mêmes biens au même*
» *donataire, soit avant ou après la mort*
» *de l'enfant, par la naissance duquel*
» *la donation aura été révoquée, il ne le*
» *pourra faire que par une nouvelle dis-*
» *position.* » Ibid, *art.* 254.

« Toute clause ou convention par la-
» quelle le donateur auroit renoncé à la
» révocation de la donation, pour surve-
» nance d'enfans, sera regardée comme
» nulle et ne pourra produire aucun effet. »
Ibid, art. XLIV.

« Toute clause ou convention par laquelle
» le donateur auroit renoncé à la révoca-
» tion de la donation, pour survenance
» d'enfans, sera regardée comme nulle,

» et ne pourra produire aucun effet. » *Ibid,*
art. 255.

« Le donataire, ses héritiers ou ayant-
» cause, ne pourront opposer la prescrip-
» tion pour faire valoir la donation révo-
» quée par la survenance d'enfans, *qu'a-*
» *près une possession de trente années,*
» *qui ne pourront commencer à courir*
» *que du jour de la naissance du dernier*
» *enfant du donateur, même posthume;*
» et ce, sans préjudice des interruptions
» telles que de droit. » *Ibid, art. XLV.*

« Le donataire, ses héritiers ou ayant-
» cause, *ou autres détenteurs des choses*
» *données,* ne pourront opposer la pres-
» cription, pour faire valoir la donation
» ainsi révoquée par survenance d'enfans,
» *qu'après une possession de trente an-*
» *nées, qui ne pourront commencer à*
» *courir que du jour de la naissance du*
» *dernier enfant du donateur, même pos-*
» *thume,* et ce sans préjudice des interrup-
» tions telles que de droit. » *Ibid, art.* 256.

N. B. L'article du nouveau code ajoute, *ou autres*
détenteurs des choses données; ce qui exclut la
prescription de dix ans entre présens, vingt ans entre
absens, admise par notre ancien droit en faveur du

tiers détenteur de bonne foi ; tant cette cause de révocation est favorable !

I X.

Règles générales sur la forme des testamens.

Moins le droit romain gêne les testateurs dans la disposition de leurs biens, plus il multiplie les solennités nécessaires pour leur validité.

Depuis long-temps les testamens *calatis comitiis*, comme ils les nommoient, parce que le testateur y paroissoit dans l'assemblée du peuple comme législateur dans sa famille ; ceux *in procinctu*, « la toge relevée, » prêts à marcher au combat ; » ceux *per œs et libram*, « par ventes simulées, » seuls admis par l'ancien droit civil, sont tombés en désuétude ; le droit prétorien leur a substitué une forme moins auguste, mais plus commode, la déclaration verbale du testateur en présence de sept témoins pubères, mâles, citoyens romains ; (nous développerons dans un autre lieu les autres conditions des témoins.) Tel est *le testament nuncupatif* proprement dit.

« Si quelqu'un , dit Justinien , pour se
» conformer au droit civil , prétend se dis-
» penser de rédiger par écrit son testament ,
» qu'il déclare sa volonté en présence de
» sept témoins , et qu'il sache que cette
» forme est la plus parfaite ; que le droit
» civil en garantit la stabilité. »

Si quis autem sine scriptis voluerit or-
dinare testamentum , septem testibus
adhibitis , et suá voluntate coram eis
nuncupatá, sciat hoc perfectissimum testa-
mentum , jure civili, firmumque constitu-
tum. Inst. *de test. ord.* §. 6.

— Quoi ! nous dira-t-on , dans ce droit
si rigide observateur des volontés des défunts , une forme qui les livroit à toute
l'instabilité de la preuve testimoniale , étoit
jugée la plus parfaite !

Ce paradoxe ne sera peut-être pas inso-
luble , si vous observez que les Romains
n'avoient point d'officiers publics dont la
responsabilité, dans l'exercice de leurs fonctions , assurât l'authenticité des actes , que
toutes ces écritures privées , rédigées par des
esclaves, *notarii,* qui écrivoient sous la dictée de l'orateur , du testateur , en notes *ste-*
nografiques , exigeoient une vérification

plùs embarrassante que la preuve testimoniale même; ou , pour parler plus juste ,
que ce n'étoit qu'un vain circuit, puisque la
preuve testimoniale étoit nécessaire pour les
légaliser ; raison pour laquelle Justinien, en
confirmant les testamens *solennels écrits ,*
rédigés en présence des sept témoins, et
munis de leur sceau, exigea , par la loi 29,
C. *de testamentis ,* qu'au moins le nom de
l'héritier fût écrit de la main du testateur,
ou des témoins.

Sed his omnibus a nostrâ constitutione ,
propter testamentorum sinceritatem , ut
nulla fraus adhibeatur , hoc additum est.
ut per manus testatoris vel testium nomen
hæredis exprimatur; et omnia secundum
illius constitutionis tenorem procedant.
Inst. *eod.* §. 4.

« Mais à toutes ces formalités nous avons
» ajouté, par notre constitution, *pour as-*
» *surer la sincérité des dispositions tes-*
» *tamentaires , et prévenir toute fraude ,*
» qu'au moins le nom de l'héritier fût écrit
» de la main du testateur et des témoins, et
» qu'on procédât en tout suivant la teneur de
» notre constitution.» Toutes ces dispositions
étoient publiques du vivant du testateur.

Successions. — *Donations, etc.* 4

Justinien y remédia par la loi 21, **C.** *de test.*

« Par cette loi très-réfléchie, dit l'em-
» pereur, nous permettons à ceux qui font
» leur testament par écrit, et désirent qu'au-
» cun ne soit informé du contenu de
» leurs dispositions, d'en présenter aux sept
» témoins, citoyens romains, pubères, as-
» semblés à cet effet, le paquet enveloppé
» ou cacheté, clos, en un mot, signé de la
» main du testateur, ou d'un autre par son
» ordre, en leur déclarant, à tous ensemble,
» que ce paquet renferme son testament, à
» la charge de le souscrire lui-même en
» leur présence, et de leur faire contre-
» signer. A ces conditions, nous ordonnons
» que le testament ainsi signé et contre-
» signé, le même jour, dans le même ins-
» tant, ait son exécution, sans qu'on puisse
» objecter l'ignorance des témoins de ce
» qui est contenu dans le testament.... »

*Hæc consultissimâ lege sancimus licere
per scripturam conficientibus testamentum,
si nullum scire volent ea quæ in eo scripta
sunt, consignatam, vel ligatam, vel tantum clausam involutamque proferre scripturam, vel ipsius testatoris, vel cujus-*

libet alterius manu conscriptam, eumque rogatis testibus presentibus testator suum esse testamentum dixerit quod offertur, eique ipse, coram testibus, suâ manu, in reliquâ parte testamenti subscripserit ; quo facto et testibus uno eodemque die ac tempore subscribentibus et consignantibus, testamentum valere ; nec ideo infirmari, quod testes nesciant quæ in eo scripta sunt testamento. L. 21, *C. de test. ord. in princ.*

Le législateur prévoit le cas dans lequel le testateur ne sauroit ou ne pourroit signer ; il y supplée par un huitième témoin, qu'il l'autorise à appeler pour le suppléer.

Quod si litteras testator ignoret, vel subscribere nequeat, octavo subscribente pro eo adhibito eadem servari decernimus. Ibid.

Parmi nous, l'un des plus signalés bienfaits du rétablissement de la monarchie, après le démembrement occasionné par l'anarchie féodale, a été l'établissement d'officiers publics, éprouvés par une longue expérience des ruses de la chicane, d'une fidélité garantie, et par un cautionnement pécuniaire ; (car tel étoit, dans notre ancien droit, la nature de la finance de ces offices qui n'a fait que changer de nom); et plus encore par l'intérêt de leur renommée, sur laquelle repose la confiance publique, le seul titre de la jurisdiction qu'ils exercent, d'autant plus noble qu'elle est volontaire, investis de l'autorité de la loi, et, à ce titre, magistrats conciliateurs, témoins irréprochables des faits qui se sont passés en leur présence, pour leur donner une authenticité inattaquable autrement que par la voie de l'inscription de faux; c'est-à-dire, par toute la rigueur de l'instruction criminelle, à laquelle nul citoyen, nul magistrat ne peut se soustraire.

Et cependant les testamens nuncupatifs verbaux, en présence de sept témoins, dans la forme prescrite par les lois romaines, furent long-temps tolérés dans les provinces régies par le droit écrit, même depuis la défense portée par l'article 54 de l'ordonnance de Moulins, d'admettre la preuve testimoniale de tout acte « portant » conséquence au-dessus de 100 livres, » comme parle Ricard, *Traité des Donations et Testamens*, part. 1ere, ch. V, sect. III, n°. 1378. Quoique cette même défense eût été renouvelée par l'ordonnance de 1667, tit. 20, art. 2, on chicanoit sur le mot *contrats*, dont se sert l'édit de Moulins; tant les anciens préjugés ont peine à être déracinés! Enfin intervint l'ordonnance de Louis XV, de 1735, concernant les testamens, rédigée par le chancelier d'Aguesseau, qui porte :

« Toutes dispositions testamentaires ou
» à cause de mort, de quelque nature
» qu'elles soient, seront faites par écrit.
» *Déclarons nulles toutes celles qui ne*
» *seroient faites que verbalement*, et dé-
» fendons d'en admettre la preuve par
» témoins, *même sous prétexte de la mo-*
» *dicité* de la somme dont il auroit été
» disposé. » *Ordonnance de* 1735, *art.* 1er.

Depuis cette époque, on n'a plus connu, dans les provinces régies par le droit romain, que deux espèces de testamens; le testament *nuncupatif écrit*, comme l'appelle l'ordonnance de 1735, le même que les Romains nommoient *testament solennel écrit*, et le testament *mystique ou secret*, tel qu'il a été décrit d'après la loi de Justinien.

A quoi il faut joindre le testament *olographe*, entièrement écrit, daté et signé de la main du testateur, emprunté de notre droit coutumier, admis entre enfans seulement, dans les provinces de droit écrit du ressort du parlement de Paris, repoussé par tous les autres; et, toutefois, l'expression la plus pure de la volonté du testateur, précisément parce qu'il n'y consulte que sa prudence et les mouvemens de son cœur.

Jusqu'ici, nous ne nous sommes occupés que des testamens, tels que le droit romain les admet, contenant la disposition de l'hérédité en faveur d'un ou de plusieurs « repré- » sentans universels du défunt : » *Successores in universum jus et causam defuncti;* institution tellement nécessaire dans les lois romaines, que dans l'ancien droit toutes les dispositions supplémentaires, nommées codicilles, crouloient, si l'institution n'avoit pas son effet.

Justinien les déclara indépendantes de l'institution d'héritier, et les rendit à leur destination primitive, telle qu'elle est rapportée dans les Instituts, titre *de codicillis, in princ.*

« Cette forme de disposer fut inconnue » dans le droit avant le règne d'Auguste. » Lucius Lentulus, celui par lequel les

» fidéi-commis prirent naissance, en four-
» nit le premier exemple ; car étant en
» Afrique, sur le bord de sa tombe, il
» écrivit des codicilles confirmés par son
» testament, par lesquels il prioit Auguste
» d'exécuter ses dernières volontés, à titre
» de fidéi-commis; ce qu'Auguste ayant fait,
» les autres, à son exemple, s'empressèrent
» de restituer les fidéi-commis; et la fille
» de Lentulus elle-même acquitta des legs
» dont elle n'étoit pas tenue selon le droit ;
» ce qui donna lieu à Auguste d'assembler
» les sages, du nombre desquels étoit Tré-
» batius, jurisconsulte alors très-renommé,
» pour lui demander si rien ne s'opposoit,
» dans les principes du droit, à ce que l'usage
» des codicilles fût maintenu; ce que Tré-
» batius lui conseilla comme très-utile et
» nécessaire, à cause des voyages de long
» cours, si fréquens parmi les anciens (1),
» afin que ceux à qui les circonstances ne
» permettoient pas de faire un testament,
» eussent la consolation de disposer de leurs
» biens par des codicilles ; et depuis, (le

______

(1) Justinien nomme ainsi les Romains du temps
d'Auguste, comparés à ceux de son temps.

» jurisconsulte) Labeo ayant lui - même
» fait des codicilles, il ne fut plus douteux
» que la forme de disposer par codicilles
» ne fût régulière. »

*Ante Augusti tempora constat codicil-
lorum jus in usu non fuisse : sed primus
Lucius Lentulus, ex cujus personá etiam
fideicommissi esse cœperunt, codicillos
introduxit, nam cum decederet in Affricá,
scripsit codicillos testamento confirmatos,
quibus ab Augusto petivit, per fideicom-
missum, ut faceret aliquid ; et cum divus
Augustus voluntatem ejus implevisset,
deinceps reliqui ejus autoritatem secuti,
fideicommissa præstabant, et filia Lentuli
legata, quæ jure non debebat, solvit. Dicitur autem Augustus convocasse sapien-
tes viros, interque eos Trebatium quoque,
cujus tunc autoritas maxima erat, et quæ-
sisse, an posset recipi hoc, nec absonum
à juris ratione codicillorum usus esset, et
Trebatium suasisse Augusto, quod dice-
ret utilissimum et necessarium civibus esse,
propter magnas et longas peregrinationes,
quæ apud veteres fuissent : ubi si quis
testamentum facere non posset, tamen
codicillos posset. Post quæ tempora, cum*

et Labeo codicillos fecisset, jam nemini dubium erat quin codicilli jure optimo admitterentur. Inst. *de codicillis, in princ.*

Indépendamment de l'institution d'héritier, dont les codicilles ne sont pas susceptibles, la différence de ces dispositions aux testamens, dans le droit romain, consistoit en deux points : le premier, « que plusieurs » codicilles pouvoient concourir en même » temps, s'ils ne renfermoient pas des dis- » positions contradictoires. » Le second, « qu'ils n'exigeoient d'autres formalités que » celles essentiellement nécessaires pour » constater la volonté du testateur. »

Codicillos etiam plures quis facere potest, et nullam solemnitatem ordinationis desiderant. Inst. *eod.* §. 3.

« Plusieurs codicilles peuvent concourir » ensemble (quand ils ne sont pas contra- » dictoires), et ils n'exigent aucune solen- » nité dans leur forme. »

Et cependant, parmi nous, la jurisprudence de tous les parlemens de droit écrit se conformoit à la loi antérieure de Théodose, qui, « dans tout acte de dernière » volonté, autre que le testament, exigeoit » cinq témoins, soit convoqués exprès, soit

» offerts par le hasard, mais réunis dans le
» même temps. »

*In omni ultimâ voluntate, excepto tes-
tamento, quinque testes, vel rogati vel
qui fortuito venerint, in uno eodemque
tempore, debent adhiberi.* L. ult. §. ult.
C. de Test.

Deux formes plus simples avoient prévalu
dans les provinces régies par nos coutumes,
celle des testamens olographes, et celle des
testamens reçus par deux notaires, ou un
notaire et deux témoins, dictés, nommés
et relus au testateur, signés de lui, de
l'officier public et des témoins, ou déclaration des causes pour lesquelles ils ne pouvoient signer.

Je dis *de l'officier public,* car la puissance spirituelle, c'est-à-dire, les curés et
vicaires, et aux termes des articles XXV
et suivans de l'ordonnance de 1735, les
aumôniers des hôpitaux et des armées, sécu-
liers ou réguliers, partageoient, en ce
point, comme dans les actes de naissance,
mariages et sépultures, les fonctions d'officiers publics ; seulement la coutume de
Paris vouloit que le curé ou vicaire qui
recevoit le testament, sans l'assistance d'au-

cun autre fonctionnaire public, fût assisté
de trois témoins au lieu de deux ; distinction
depuis long-temps tombée en désuétude,
repoussée expressément par l'ordonnance
de 1735.

« Pour réputer un testament solennel,
» est requis qu'il soit écrit et signé du tes-
» tateur, ou passé pardevant deux notaires,
» ou pardevant le curé de la paroisse ou
» son vicaire - général, et un notaire, ou
» dudit curé ou vicaire et trois témoins,
» iceux témoins idoines, suffisans, mâles,
» âgés de vingt ans accomplis, et non lé-
» gataires, et qu'il ait été dicté et nommé par
» le testateur auxdits notaires, curé et vi-
» caire-général, et depuis relu en présence
» d'iceux notaires, curé ou vicaire général
» et témoins, et qu'il soit fait mention audit
» testament, qu'il a été dicté, nommé et
» relu, et qu'il soit signé par ledit testateur
» et par les témoins, ou que mention soit
» faite de la cause pour laquelle ils n'ont
» pas signé. » *Coutume de Paris, art.* 289.

Dans la bigarrure de nos usages, le testament olographe n'étant qu'une écriture privée, faisoit exception au principe exposé
dans le premier titre de cet ouvrage, que la

validité des actes se règle par la loi du lieu où ils ont été passés ; car il ne suffisoit pas qu'il fût daté d'un lieu où ces sortes de dispositions fussent autorisées ; il eût été trop facile d'éluder les lois prohibitives : il falloit prouver que le testateur avoit son domicile en ce lieu ; nouvelle source de procès.

Telle est une legère esquisse du chaos que l'immortel chancelier d'Aguesseau et nos législateurs avoient à débrouiller ; celui-ci, sans déroger trop ouvertement aux usages des diverses provinces de l'empire français, chers aux peuples de ces provinces ; ceux-là plus libres, grâces aux secousses de notre révolution, chargés spécialement de donner une loi uniforme à la nation, et néanmoins forcés, pour ménager d'antiques préjugés, de tracer une moyenne proportionnelle entre les règles trop embarrassées du droit romain et la liberté de nos coutumes.

Rapprochons, comme nous l'avons fait en traitant des donations entre-vifs, les dispositions du nouveau code, de celles de l'ordonnance de 1735.

L'ordonnance de 1735 admet quatre formes de testamens ; deux pour les pays de droit écrit, les testamens nuncupatifs écrits, les testamens mystiques.

« L'usage des testamens *nuncupatifs*
» *écrits*, et des *testamens mystiques* ou
» secrets, continuera d'avoir lieu dans les
» pays de droit écrit et autres où lesdites
» formes de tester sont autorisées par les
» coutumes ou statuts. » *Ordonnance de*
1735, *art. IV.*

Deux pour les pays coutumiers, les testamens olographes, et les testamens devant
notaires ou autres personnes publiques,
autorisées par la loi.

« Dans tous les pays où les formalités
» établies par le droit écrit, pour les dis-
» positions de dernière volonté, ne sont
» pas autorisées par les lois, statuts ou
» coutumes, il n'y aura, à l'avenir, que
» deux formes qui puissent avoir lieu pour
» lesdites dispositions ; savoir, celle des
» *testamens, codicilles ou autres dispo-*
» *sitions olographes, et celle des testa-*
» *mens, codicilles ou autres dispositions,*
» *reçues par personnes publiques.....* »
Ibid, art. XXII.

Le nouveau code admet trois formes de
disposer, communes à tout l'empire fran-

çais : les testamens olographes, ceux passés en forme authentique, et les testamens mys- tiques.

« Un testament pourra être *olographe*, » ou *fait par acte public*, ou *dans la forme* » *mystique*. » Code civil, chap. IV, sect. I, art. 252.

(1) La forme du testament olographe est la même dans l'ancien droit et dans le nouveau.

« Voulons..... que les testamens, codicilles » ou autres dispositions à cause de mort, » *qui seront entièrement écrits, datés et* » *signés de la main du testateur ou de la* » *testatrice, soient valables, dans les* » *pays de droit écrit, entre les enfans et* » *descendans.....* » Ordonnance de 1735, art. XVI.

« Le testament olographe ne sera point » valable, *s'il n'est écrit en entier, daté et* » *signé de la main du testateur :* il n'est » assujéti à aucune autre forme. » *Code civil*, ibid, *art.* 260.

N. B. Par la généralité et l'uniformité de cet article du nouveau code, sont retranchées ces ques- tions de domicile auxquelles ces testamens donnoient lieu dans la diversité de nos usages. Qu'importe en effet de quel lieu soit daté le testament olographe, pourvu qu'il soit constant qu'il a été rédigé dans le territoire de la République, puisque cette forme est commune à tous les pays régis par les nouvelles lois uniformes dans toute la République ?

(2) *Des testamens nuncupatifs écrits, et des testamens devant personnes publiques,* compris, par le nouveau code, sous la dénomination générale de *testamens par acte public.*

L'ordonnance de 1735 avoit retranché de ces anciennes formes quelques détails minutieux, pour ne conserver que l'essentiel.

« Lorsque le testateur voudra faire un
» *testament nuncupatif écrit,* il en pro-
» noncera intelligiblement toutes les dispo-
» sitions , en présence au moins de sept
» témoins, *y compris le notaire ou tabel-*
» *lion, lequel écrira lesdites dispositions*
» à mesure qu'elles seront prononcées par
» le testateur; *après quoi, sera fait lec-*
» *ture du testament entier audit testateur,*
» de laquelle lecture il sera fait mention
» par ledit notaire ou tabellion, et *le tes-*
» *tament sera signé* par le testateur, en-
» semble par le notaire ou tabellion, et

» par les autres témoins, *le tout de suite*
» *et sans divertir à aucuns autres actes;*
» et en cas que le testateur déclare qu'il ne
» sait ou ne peut signer, il en sera fait
» mention. » *Ordonnance de* 1735*, art. V.*

La loi romaine exigeoit qu'il fût fait
mention que les témoins avoient été appelés exprès, *rogatis testibus,* L. 21. C. *de
test.;* à la différence des codicilles, dans lesquels il étoit indifférent « qu'ils eussent été
» appelés, ou que le hasard les eût amenés ».
Vel rogati vel qui fortuito venerint. L.
ult. §. ult. *Ibid.*

« Il suffira que les témoins qui assisteront
» au testament nuncupatif écrit y aient été
» présens tous ensemble, sans qu'il soit
» nécessaire de faire mention qu'ils aient
» été priés et convoqués à cet effet. » *Ibid,
art. VI.*

« La forme qui a eu lieu jusqu'à présent,
» à l'égard des codicilles, continuera d'être
» observée, et il suffira qu'ils soient faits
» en présence de cinq témoins, y compris le
» notaire ou tabellion.

» N'entendons pareillement déroger aux
» statuts et coutumes qui exigent un moin-
» dre nombre de témoins pour les codi-

» cilles. » *Ordonnance de 1735, art. XIV.*

Tels étoient les testamens authentiques dans le surplus de la France.

« Dans tous les pays où les formalités
» établies par le droit écrit pour les dispo-
» sitions de dernière volonté, ne sont pas
» autorisées par les lois, statuts ou coutu-
» mes.... *les testamens ou codiciles et*
» *autres dispositions de dernière volonté,*
» *qui se feront devant une personne pu-*
» *blique,* seront reçus par *deux notaires*
» *ou tabellions, ou par un notaire ou*
» *tabellion, en présence de deux témoins,*
» lesquels notaires ou tabellions, ou l'un
» d'eux, écriront les dernières volontés du
» testateur, *telles qu'il les dictera, et lui*
» *feront ensuite la lecture, de laquelle il*
» *sera fait mention expresse,* sans néan-
» moins qu'il soit nécessaire de se servir
» précisément de ces termes : *dicté, nommé,*
» *lu et relu sans suggestion,* ou autres
» requis par les coutumes ou statuts ; après
» quoi ledit testament, codicille ou autre
» disposition de dernière volonté, *sera*
» *signé par le testateur,* ensemble par les
» deux notaires ou tabellions, ou par le
» notaire ou tabellion et les deux témoins ;

» et en cas que le testateur déclare qu'il ne
» sait ou ne peut signer, il en sera fait
» mention. » *Ibid, art. XXII et XXIII.*

« La liberté de disposer, dit l'orateur du
» gouvernement, ayant été en général beau-
» coup augmentée dans les pays de coutume
» (par la suppression des propres), il étoit
» convenable d'ajouter aux précautions
» prises pour constater la volonté des tes-
» tateurs...... » *Discours du conseiller
d'état Bigot-Préameneu.*

C'est le motif qui a déterminé nos législateurs à tenir une sorte de milieu entre les
solennités rigoureuses du droit romain, et
la facilité de nos coutumes, en exigeant
deux témoins dans les testamens reçus par
deux notaires, que la seule présence de deux
fonctionnaires publics, dépositaires de la
confiance de la loi, avoit validé jusqu'alors;
quatre témoins, si le testament est reçu par
un seul notaire; deux seulement s'il est reçu
par deux notaires.

« Le testament par acte public est celui
» qui est reçu par *deux notaires en pré-*
» *sence de deux témoins, ou par un*
» *notaire en présence de quatre témoins.* »

Code civil, ibid, art. 261.

« Si le testament est reçu par deux no-
» taires, il leur est dicté par le testateur, *et*
» *il doit être écrit par l'un des notaires,*
» tel qu'il a été dicté.

» S'il n'y a qu'un notaire, *il doit être*
» *également dicté par le testateur, et*
» *écrit par le notaire.*

» Dans l'un et l'autre cas, *il doit en être*
» *donné lecture au testateur, en présence*
» *des témoins.*

» Il est fait du tout mention expresse. »

Ibid, art. 262.

« Le testament doit être *signé du testa-*
» *teur;* s'il déclare qu'il ne sait ou ne
» peut signer, il sera fait, dans l'acte, men-
» tion expresse de sa déclaration, *ainsi que*
» *de la cause qui l'empêche de signer.* »

Ibid, art. 263.

« Le testament devra être signé par les
» témoins; et néanmoins, *dans les cam-*
» *pagnes,* il suffira *qu'un des deux* témoins
» signe, et que *deux des quatre témoins*
» *signent,* s'il est reçu par un notaire. »

Ibid, art. 264.

(3) *Des testamens mystiques ou secrets.*

Le testament olographe est secret ou ouvert, à la volonté du testateur; et cette simplicité même exige des précautions de la part du testateur.

L'ordonnance de 1735 ne renferme aucune disposition à cet égard; le nouveau code les supplée.

Nous les exposerons dans le nᵒ. suivant, en traitant de l'ouverture de l'un et de l'autre testament.

Le testament mystique, inconnu dans l'ancien droit romain, n'y fut introduit que par Justinien, dans la loi 21, *C. de test. ord.*, non sans des formalités rigoureuses qui semblent ajouter à la majesté de la loi que le testateur impose à sa famille.

L'ordonnance de 1735 les avoit conservées, dans les pays de droit écrit, telles qu'elles sont prescrites par la loi citée.

Le nouveau code les rend communes à toute la république.

« Lorsque le testateur voudra faire un
» testament mystique ou secret, il sera tenu
» de signer ses dispositions, *soit qu'il les*
» *ait écrites lui-même, ou qu'il les ait fait*
» *écrire par un autre;* sera le papier qui
» contiendra lesdites dispositions, ensemble
» le papier qui servira d'enveloppe, s'il y

» en a une, clos et scellé avec les précau-
» tions en tel cas requises et accoutumées ;
» le testateur présentera ledit papier, ainsi
» clos et scellé, *à sept témoins au moins,*
» y compris le notaire ou tabellion, ou il
» le fera clore et sceller en leur présence ,
» *et il déclarera que le contenu audit pa-*
» *pier est son testament,* écrit et signé de
» lui, ou écrit par un autre et signé de lui.
» Ledit notaire ou tabellion en dressera
» *l'acte de souscription,* qui sera écrit sur
» le papier ou sur la feuille qui servira d'en-
» veloppe, et sera ledit acte signé, tant par
» le testateur, que par le notaire ou tabel-
» lion, ensemble par les autres témoins ,
» *sans qu'il soit nécessaire d'y apposer le*
» *sceau de chacun desdits témoins.* (Vaine
» formalité, en effet, puisque tous les té-
» moins peuvent se servir d'un seul et même
» sceau étranger à chacun d'eux. *V.* le § 4,
» Inst. *de test. ord.*) Tout ce que dessus sera
» fait de suite, et sans divertir à autres actes ;
» et en cas que le testateur, *par un empé-*
» *chement survenu depuis la signature du*
» *testament,* ne puisse signer, l'acte de sous-
» cription, il sera fait mention de sa décla-
» ration ; *sans qu'il soit besoin, en ce cas,*

» *d'augmenter le nombre des témoins.* »
Ordonn. de 1735, art. IX.

« Lorsque le testateur voudra faire un
» testament mystique ou secret, il sera tenu
» de signer ses dispositions, *soit qu'il les*
» *ait écrites lui-même, ou qu'il les ait*
» *fait écrire par un autre;* sera ledit papier
» qui contiendra ses dispositions, ou le pa-
» pier qui servira d'enveloppe, s'il y en a
» une, clos et scellé ; le testateur le présen-
» tera, ainsi clos et scellé, au notaire *et à*
» *six témoins au moins,* (ce qui forme le
» même nombre prescrit par l'ordonnance
» de 1735, puisque le notaire étoit compris
» dans les sept témoins exigés par l'ordon-
» nance ; qu'il est placé hors ligne par le
» nouveau code), ou il le fera clore et
» sceller en leur présence, *et il déclarera*
» *que le contenu en ce papier est son tes-*
» *tament,* écrit et signé de lui, ou écrit par
» un autre et signé de lui ; le notaire en
» dressera *l'acte de souscription,* qui sera
» écrit sur ce papier ou sur la feuille qui
» servira d'enveloppe ; cet acte sera signé,
» tant par le testateur que par le notaire,
» ensemble par les autres témoins. Tout ce
» que dessus sera fait de suite, et sans di-

» vertir à tous autres actes ; et en cas que le
» testateur , *par un empéchement survenu*
» *depuis la signature du testament ,* ne
» puisse signer , il sera fait mention de la
» déclaration qu'il en aura faite ; *sans qu'il*
» *soit besoin , en ce cas , d'augmenter le*
» *nombre des témoins.* » Code civil , ibid ,
art. 266.

« Si le testateur ne sait signer , ou s'il n'a
» pu le faire lorsqu'il a fait écrire ses dis-
» positions , *il sera appelé à l'acte de*
» *souscription un témoin , outre le nombre*
» *porté par l'article précédent , lequel si-*
» *gnera ledit acte avec les autres témoins ;*
» et il y sera fait mention de la cause pour
» laquelle ledit témoin aura été appelé. »

Ordonnance de 1735 *, art. X.*

« Si le testateur ne sait signer , ou s'il n'a
» pu le faire lorsqu'il a fait écrire ses dis-
» positions , *il sera appelé , à l'acte de*
» *souscription , un témoin outre le nombre*
» *porté par l'article précédent ;* et il y
» sera fait mention de la cause pour la-
» quelle ce témoin aura été appelé. »

Code civil , ibid , art. 267.

(4) « Ceux qui ne savent ou ne peuvent

» lire ne pourront faire de disposition dans
» la forme des testamens mystiques. »

Ibid , art. 268.

Car ils seroient exposés à de perpetuelles surprises.

Ils sont dans le même cas que les aveugles, dont il est parlé dans l'article 267 du nouveau code , non pour la souscription du testament mystique, dont ils sont pleinement incapables; mais pour le testament nuncupatif écrit , obligés , dans notre ancien droit , de prononcer leurs dispositions « en » présence de sept témoins , sans y com- » prendre le notaire qui écrivoit sous leur » dictée. »

Præsentibus testibus septem .... tabulario etiam. L. 8 , C. *qui test. fac. poss.*

« Si le donateur est aveugle, ou si , dans » le temps du testament , il n'a pas l'usage » de la vue , il sera appelé un témoin outre » le nombre porté par l'article V , lequel » signera avec les autres témoins. » *Ordonnance de* 1735 , *art. VII.*

N. B. Cette précaution n'avoit lieu , dans notre ancien droit , que dans les pays de droit écrit.

Dans la coutume de Paris , et dans toutes les autres , les aveugles testoient devant notaires, comme tous les autres citoyens, sans que leur état nécessitât un plus grand nombre de témoins.

Le testament olographe, le testament mystique sont le lot de ces infortunés, qu'un art qui sembloit au-dessus des forces de l'humanité, secondé par la bienfaisance et un travail qui ne connoît point d'obstacles, a rendus à la société.

« En cas que le testateur ne puisse par-
» ler, *mais qu'il* puisse écrire, il pourra
» faire un testament mystique; à la charge
» que le testament sera entièrement écrit,
» daté et signé de sa main; qu'il le présen-
» tera au notaire et aux autres témoins; et
» qu'au haut de l'acte de souscription, il
» écrira, en leur présence, que le papier
» qu'il leur présente est son testament.
» Après quoi le notaire écrira l'acte de
» souscription, dans lequel il sera fait men-
» tion que le testateur a écrit ces mots en
» présence du notaire et des témoins; et
» sera, au surplus, observé tout ce qui
» est prescrit par l'article 266. » *Code civil,* *ibid*, art. 269.

(5) *Age et qualités des témoins.*

DROIT ANCIEN.

« Ceux-là peuvent être appelés comme té-
» moins, qui sont capables de tester ou de
» recevoir par testament ; mais ni les fe-
» melles, ni les impubères, ni l'esclave, ni
» le furieux, ni le muet, ni le sourd, ni
» celui qui est dans l'interdiction, ni ceux
» que les lois ont condamnés à une peine
» flétrissante, dont elles repoussent le té-
» moignage, ne peuvent être comptés au
» nombre des témoins. »

*Testes autem adhiberi possunt ii, cum
quibus testamenti factio est. Sed neque
mulier, neque impubes, neque furiosus,
neque mutus, neque surdus, neque is cui
bonis interdictum est, neque in quos leges
jubent improbos intestabilesque esse, possunt in numerum testium adhiberi.* Inst. *de*
test. §. 6.

N. B. Que le droit romain n'écarte que les impubères, non les mineurs ; c'étoit une suite de l'ancien
droit civil, qui plaçoit l'homme hors de la tutelle, et
lui permettoit de tester, dès qu'il avoit atteint la
puberté.

La coutume de Paris n'exigeoit pas dans les témoins la majorité de vingt-cinq ans. *Iceux témoins idoines, mâles, âgés de vingt ans accomplis, et non légataires.*

Coutume de Paris, art. 289.

Tel étoit, parmi nous, le droit commun jusqu'au nouveau code, confirmé par l'ordonnance des *Testamens.*

« Dans tous les actes à cause de mort, » où la présence des témoins est nécessaire, » l'âge des témoins *demeurera fixé à vingt* » *ans accomplis*, excepté dans les pays de » droit écrit, où il suffira que lesdits té- » moins aient l'âge où il est permis de tester » dans lesdits pays. » *Ordonn. de* 1735, *art. XXXIX.*

Dans le droit romain, « ni l'héritier ins- » titué, ni tous ceux qu'il avoit dans sa » puissance, ni son père en la puissance du- » quel il étoit, ni ses frères en la puissance » du même père, ne pouvoient être témoins » dans le testament dont l'héritier tiroit son » titre. » Le légataire et le fidéi-commissaire le pouvoient; parce qu'ils n'avoient d'action que contre l'héritier.

Sed neque hæres scriptus, neque is qui in potestate ejus est, neque pater ejus, qui eum habet in potestate, neque fratres qui in ejusdem patris potestate sunt, testes adhiberi possunt, quia hoc totum nego-tium quod agitur testamenti ordinandi gratiâ creditur hodie inter testatorem et hæredem agi. Inst. eod. §. 10.

Legatarius autem et fidei - commissa-rius, quia non juris successores sunt, et aliis personis eis conjunctis testimonium non denegamus. Inst. eod. §. II.

L'ordonnance des *Testamens* avoit ré-formé ces distinctions.

« Les témoins seront mâles, régnicoles » et capables des effets civils.... » *Ordonn. de 1735, art. XL.*

« Ne pourront pareillement être pris » pour témoins les clercs, serviteurs ou » domestiques du notaire ou tabellion, ou » autre personne publique qui recevra le » testament, codicilles, ou autre dernière » volonté, ou l'acte de souscription. » *Ibid, art. XLII.*

« Les héritiers institués, ou substitués, » ne pourront être témoins en aucun cas ; et » à l'égard *des légataires universels ou par-» ticuliers*, ils ne pourront l'être que pour » la souscription du testament mystique,

» dans les pays où cette forme de tester est
» reçue », (parce que cette souscription,
où ils paroissent comme témoins, ne leur
donne aucune connoissance du contenu au
testament.) *Ibid , art. XLIII.*

« Ne pourront être pris pour témoins du
» testament fait par acte public, *ni les lé-*
» *gataires ,* à quelque titre qu'ils le soient,
» ni leurs parens ou alliés, jusqu'au qua-
» trième degré inclusivement, ni les clercs
» des notaires par lesquels les actes seront
» reçus. » *Code civil , ibid, art.* 265.

« Les témoins, appelés pour être présens
» au testament, devront être mâles, ma-
» jeurs de vingt-un ans accomplis, (*voyez*
» le titre des *Personnes*) républicoles
» jouissant des droits civils. » *Ibid, art.* 270.

(6) Telle est l'histoire abrégée des variations qu'ont éprouvées, tant dans l'ancien
droit romain, que dans le nouveau et dans
nos mœurs, les trois formes de testamens ou
de codicilles; car ces deux mots sont aujourd'hui synonymes.

Avant de passer aux exceptions qu'elles
reçoivent, il convient de dire un mot d'un
abus qui s'est introduit parmi nous dans les
testamens en forme authentique, réprimé

également, et par l'ordonnance de 1735, et par le nouveau code; celui des *testamens mutuels*, par lesquels deux personnes disposoient dans le même acte, soit réciproquement au profit l'une de l'autre, soit conjointement au profit d'un tiers; assemblage bizarre de la disposition à cause de mort, et du contrat qui forme le caractère distinctif des donations entre-vifs; d'où résultoit une question sur laquelle notre jurisprudence avoit flotté incertaine. L'un des testateurs venant à mourir, son cotestateur, s'il est permis de parler ainsi, conservoit-il le droit de révoquer les libéralités qu'il avoit faites, soit aux enfans ou héritiers du prédécédé, soit à tout autre? Si vous jugiez le double testament révocable par sa nature, vous favorisiez le manque de bonne foi; car il est évident que les cotestateurs n'avoient choisi cette forme que pour rendre plus stables leurs communes intentions; si vous jugiez le second testament consolidé irrévocablement par la mort du premier cotestateur, vous transformiez la disposition à cause de mort en un contrat synallagmatique.

L'ordonnance et le nouveau code tranchent

la difficulté, en déclarant nulles ces dispositions ampbibies.

« Abrogeons .... l'usage des testamens
» ou codicilles mutuels, ou faits conjoin-
» tement, soit par le mari et la femme, ou
» par d'autres personnes. Voulons qu'à l'ave-
» nir, ils soient regardés comme nuls et
» de nul effet. » *Ordonnance de* 1735,
art. 77.

« Un testament ne pourra être fait, dans
» le même acte, par deux ou plusieurs per-
» sonnes, soit au profit d'un tiers, soit à
» titre de disposition réciproque et mu-
» tuelle. » *Code civil, ibid, art.* 258.

X.

Des règles générales sur la forme
de certains testamens.

(1) Vous avez vu, dès l'époque de la loi
des douze tables, les testamens *in procinctu,*
« en tunique retroussée, pour le combat,
» distingués des testamens solennels, *cala-*
» *tis comitiis,* en comices assemblés. »
Les Instituts renferment un titre entier
de *testamento militari,* « du testament mi-
» litaire. »

Les exceptions générales qu'il renferme en faveur des guerriers « *en expédition* » *in expeditione ,* comme parle la loi, se réduisent à ce peu de mots : que « bien que » leurs dernières dispositions n'aient pas eu » le nombre de témoins requis ; bien que » leurs testamens ou codicilles ne soient » revêtus d'aucunes solennités exigées par » la loi ; elles doivent être exécutées. »

Nam quamvis ii neque legitimum nume-rum testium adhibuerint , neque aliam testamentorum solemnitatem observave-rint , rectè nihilominus testantur. Inst. *de* test. *milit. in* præm.

Et néanmoins dans l'ancien droit romain qui admettoit les testamens verbaux, (dit la lettre de Trajan à Catilius Sévère, rap-portée dans ce même titre des Instituts) : « Il » n'importe à personne plus qu'aux mili-» taires eux-mêmes, que des propos vagues » ne soient pas considérés comme des dis-» positions testamentaires ; car il ne seroit » pas difficile, après leur mort, de trouver » des témoins qui affirmeroient qu'ils ont » entendu le défunt dire qu'il laissoit ses » biens à qui ils voudroient en gratifier ; et » ainsi leurs véritables intentions seroient

» renversées. » *Nec ullorum magis inter-rest quam ipsorum quibus privilegium datum est, ejusmodi exemplum non ad-mitti : alioquin non difficulter, post mortem alicujus militis testes existerent qui affirmarent se audisse dicentem aliquem relinquere se bona, cui visum sit, et per hoc vera judicia subverterentur.* Inst. *ibid*, §. I.

Parmi nous, la pacification qui suivit les querelles religieuses du seizième siècle, donna naissance aux édits de 1576 et 1577, qui confirmèrent les testamens faits pendant les troubles, *suivant la disposition du droit ;* c'est-à-dire, comme le droit romain, sans établir aucune règle fixe à cet égard.

Pourroit-on se refuser d'accorder la même faveur à l'équipage, aux guerriers, à l'in-trépide voyageur, qui, depuis la décou-verte de la boussole, parcourent en des maisons flottantes l'un et l'autre hémis-phère, isolés pendant des mois, des années, de la nature entière, en butte et à des combats meurtriers, et à toutes les fureurs de l'hu-mide élément ?

« Quand les flèches enflammées du Dieu
» de la lumière, pour parler le langage

» d'Homère, fondent sur un canton, qu'on
» ne voit de toutes parts que bûchers et
» pompes funèbres, que les contrées limi-
» trophes sont forcées de mettre entr'elles
» et la ville ou la province infectée de la
» contagion un vaste désert », les dispositions testamentaires sont la seule consolation
des mourans, et il est souvent impossible
de remplir les formalités que la loi prescrit
pour leur validité.

Les lois romaines ont prévu ces circonstances ; elles « ordonnent aux juges de se
» relâcher en quelque chose de leur sévérité,
» mais non d'ordonner l'exécution de testa-
» mens absolument informes. »

*Casus majoris ac novi contingentis ra-
tione adversus timorem contagionis, qui
testes deterret, licet aliquid jure laxatum
est, non tamen prorsus reliqua testamentorum solemnitas perempta est.... L. 8, C.
de test.*

La généralité de ces dispositions donnoit
lieu à de nombreux procès.

L'ordonnance de 1735, et plus encore le
nouveau code déterminent enfin la forme
des testamens militaires, de ceux qui se

font sur les vaisseaux, ou dans des lieux où la peste exerce ses ravages.

Je n'entrerai pas dans tous les détails ; il me suffira de recueillir les principales dispositions de ces deux lois.

J'ai observé la diversité de nos lois anciennes, dont les unes admettoient le testament olographe, les autres le rejetoient. L'article XXIX de l'ordonnance de 1735 valide les testamens militaires faits en cette forme, *en quelque pays que ce soit.*

Une telle disposition étoit inutile dans le nouveau code qui a rendu ces testamens communs à toute la république.

(1) « Les testamens , codicilles , et
» autres dispositions à cause de mort de
» ceux qui servent dans nos armées, *en*
» *quelque pays que ce soit*, pourront être
» faits en présence de *deux notaires ou*
» *tabellions, ou un notaire ou tabellion*
» *et deux témoins,* ou en présence des offi-
» ciers ci-après nommés , savoir: les ma-
» jors, les officiers de rang supérieur, les
» prévôts des camps et armées, leurs lieu-
» tenans ou greffiers, les commissaires des
» guerres .... les aumôniers de nos troupes
» ou des hôpitaux, (encore qu'ils fussent

» réguliers.) » *Ordonnance de* 1735; *art. XXVII.*

« Les testamens des militaires *et des in-* » *dividus employés* dans les armées, pour- » ront, *en quelque pays que ce soit,* être » reçus par un chef de bataillon ou d'es- » cadron, ou par tout autre officier d'un » grade supérieur, en présence *de deux* » *témoins,* ou par deux commissaires des » guerres, ou par un de ces commissaires, » *en présence de deux témoins.* » Code civil, ibid, sect. II, art. 271.

L'article 272 ajoute: « *si le testateur est* » *malade ou blessé,* par l'officier de santé, » *assisté du commandant militaire chargé* » *de la police de l'hospice.* »

Le nouveau code entre dans plus de dé- tails relativement à la marine.

« Les testamens faits sur mer, dans le » cours d'un voyage, pourront être reçus, » savoir :

» A l'égard des vaisseaux et autres bâti- » timens de l'Etat, par l'officier comman- » dant le bâtiment, ou, à son défaut, par » celui qui le supplée dans l'ordre du ser- » vice ; l'un et l'autre conjointement avec le » capitaine, le maître, ou le patron, ou,

» à leur défaut, par ceux qui les remplacent.

» Et à bord des vaisseaux de commerce,
» par l'écrivain du navire, ou celui qui en
» fait les fonctions ; l'un et l'autre conjoin-
» tement avec le capitaine, le maître, ou
» le patron, ou, à leur défaut, par ceux
» qui les remplacent.

» Dans tous les cas, ces testamens devront
» être reçus en présence de deux témoins. »
Code civil, ibid, art. 278.

Le testament du capitaine et de tous ceux
désignés dans l'article précédent, pour recevoir les dernières dispositions des mourans, seront reçus par ceux qui les remplacent dans l'ordre du tableau. *Ibid,*
art. 279.

Les passagers jouiront des mêmes facilités
que les officiers de marine. *Ibid, art.* 286.

L'article 286 ajoute une autre précaution,
pour la sûreté de l'exécution des dernières
volontés de ceux qui courent de tels dangers.

« Dans tous les cas, il sera fait un double
» original des testamens mentionnés aux
» deux articles précédens.

» Si le bâtiment aborde dans un port
» étranger, où il y ait un commissaire des
» relations commerciales de France, ceux

» qui auront reçu le testament seront tenus
» de déposer l'un des originaux clos et ca-
» cheté, entre les mains de ce commissaire,
» qui le fera parvenir au ministre de la
» marine, et celui-ci en fera faire le dépôt
» au greffe de la justice de paix du lieu du
» domicile du testateur. » *Ibid. art.* 281.

Les articles 282 et 283 nous apprennent comment, au retour du bâtiment en France, les deux doubles originaux se réuniront entre les mains du ministre, par l'intermédiaire du bureau de l'inscription maritime, pour être déposés au greffe de la justice de paix du domicile du testateur.

Les précautions prises, par le droit commun, contre la suggestion des fonctionnaires publics qui reçoivent les testamens ordinaires, le sont contre ceux qui les représentent dans ces testamens.

« Le testament fait sur mer ne pourra
» contenir aucune disposition au profit des
» officiers du vaisseau, s'ils ne sont parens
» du testateur. » *Code civil, ibid, art.* 287.

Restoit à décider dans quel cas le militaire, le marin, sont censés en expédition ou en course.

« La disposition des articles XXVII,

» XXVIII, et XXIX n'aura lieu qu'en fa-
» veur de ceux qui sont actuellement en
» expédition militaire, ou qui seront en
» quartier, ou en garnison hors du royaume,
» ou prisonniers chez les ennemis, sans que
» ceux qui seront en quartier ou en gar-
» nison dans le royaume puissent profiter de
» la disposition desdits articles ; *si ce n'est*
» *qu'ils fussent dans une place assiégée,*
» *ou dans une citadelle ou autre lieu, dont*
» *les portes fussent fermées à cause de la*
» *guerre.* » Ordonn. de 1735, art. XXX.

« Les dispositions des articles ci-dessus
» n'auront lieu qu'en faveur de ceux qui
» seront en expédition militaire, ou en
» quartier chez l'ennemi, sans que ceux qui
» seront en quartier ou en garnison dans
» l'intérieur puissent en profiter ; *à moins*
» *qu'ils ne se trouvent dans une place as-*
» *siégée, ou dans une citadelle ou autres*
» *lieux, dont les portes soient fermées*
» *et les communications interrompues à*
» *cause de la guerre.* » Cod. civ. ib. art. 273.

« Le testament ne sera pas réputé fait en
» mer, quoiqu'il l'ait été dans le cours du
» voyage, si, au temps où il a été fait, le
» navire avoit abordé une terre, soit étran-

» gère, soit de la domination française, où
» *il y auroit un officier public français;*
» auquel cas il ne sera valable, qu'autant
» qu'il aura été dressé suivant les formes
» prescrites en France, *ou suivant celles*
» *usitées dans les pays où il aura été*
» *fait.* » Ibid, art. 384.

N. B. Ces derniers mots confirment ce que
nous avons établi dans la première partie de cet
ouvrage, que la validité des actes, quant à leur
forme extérieure, dépend des lois et des usages des
lieux où ils sont passés, même sous une domination
étrangère.

«Un Français qui se trouvera en pays
» étranger, pourra faire ses dispositions tes-
» tamentaires, ou par acte sous signature
» privée..... ou par acte authentique, *avec*
» *les formes prescrites, dans le lieu où il*
» *a été passé.* » Ibid, art. 288.

Seulement, pour procurer à ces testamens leur exécution, sur les biens situés en
France, la loi exige qu'ils soient enregis-
trés *au bureau du domicile du testateur,*
s'il en a conservé un, sinon *au bureau de*
son dernier domicile connu, « et dans le
» cas où le testament contiendroit des dis-
» positions d'immeubles, il devra être en

» outre enregistré, *au bureau de la situa-*
» *tion de ces immeubles,* sans qu'il puisse
» être exigé un double droit. » *Ibid, art.* 289.

(2) L'ordonnance de 1735 renferme quatre articles concernant les testamens ou codicilles, en temps de peste. Par le premier, elle autorise tous les officiers de justice royale ou seigneuriale (alors), jusqu'aux greffiers, à recevoir ces actes de dernière volonté. Par le deuxième, elle assimile ces testamens à ceux des militaires en expédition. Par le troisième, elle étend l'usage des testamens olographes à tous les lieux infectés de la contagion, quelles que soient les lois et usages qui les régissent. Le quatrième porte : « que la disposition des articles (con-
» cernant les pestiférés) *aura lieu, tant à*
» *l'égard de ceux qui seroient attaqués de*
» *la peste, que de ceux qui seroient dans*
» *les lieux infectés de la même maladie;*
» *encore qu'ils ne fussent pas actuelle-*
» *ment malades.* » Ordonnance de 1735, art. XXXIII, XXXIV, XXXV, XXXVI.

« Les testamens faits dans un lieu avec
» lequel toute communication sera inter-
» ceptée à cause de la peste ou autre ma-
» ladie contagieuse, pourront être faits

» devant le juge de paix, ou devant l'un
» des officiers municipaux de la commune,
» en présence de deux témoins. » *Code
civil, ibid, art.* 275.

« Cette disposition aura lieu, tant à l'égard
» de ceux qui seroient attaqués de ces ma-
» ladies, que de ceux qui seroient dans les
» lieux qui en seroient infectés, encore
» qu'ils ne fussent actuellement malades. »

Ibid, art. 276.

Le nouveau code n'avoit pas besoin de
s'expliquer particulièrement sur les testamens olographes, puisqu'ils sont admis aujourd'hui dans toute la république.

Règle générale. Ces dérogations à la loi
ne sont, s'il est permis de parler ainsi, que
provisoires.

« Les testamens, codicilles, et autres dispo-
» sitions à cause de mort, mentionnées dans
» l'article précédent, (les testamens mili-
» taires) demeureront nuls six mois après
» que celui qui les aura faits sera revenu
» dans un lieu où il puisse avoir la liberté
» de tester en la forme ordinaire.... »

Ordonn. de 1735, *art. XXXII.*

« Les testamens, codicilles, et autres dis-
» positions mentionnées ci-dessus (en temps

» de peste) demeureront nuls six mois après
» que le commerce aura été rétabli dans le
» lieu où le testateur se trouvera, ou qu'il
» aura passé dans un lieu où le commerce
» n'est pas interdit.... » *Ibid, art. XXXVII.*

« Le testament fait dans la forme ci-des-
» sus (le testament militaire) sera nul six
» mois après que le testateur sera revenu
» dans un lieu où il aura la liberté d'em-
» ployer les formes ordinaires. » *Code civil,
ibid, art. 274.*

« Les testamens mentionnés aux deux
» précédens articles, (en cas de peste) de-
» viendront nuls six mois après que les
» communications auront été rétablies dans
» le lieu où le testateur se trouve, ou six
» mois après qu'il aura passé dans un lieu
» où elles ne seront point interrompues. »

Ibid, art. 277.

« Le testament fait sur mer, en la forme
» prescrite par l'article 278, ne sera valable
» qu'autant que le testateur mourra en mer,
» *ou dans les trois mois* après qu'il aura
» descendu à terre, et dans un lieu où il
» aura pu le faire dans les formes ordi-
» naires. » *Ibid, art. 286.*

« Toutes les formalités auxquelles les di-

» vers testamens sont assujétis par les dis-
» positions de la présente section et de la
» précédente, (concernant les trois formes
» de testamens olographes, par acte public,
» mystiques ou secrets) doivent être obser-
» vées, à peine de nullité. » *Ibid, art.* 290.

N. B. Je me suis toujours étonné que, dans notre ancienne jurisprudence, les dispositions impératives de la loi ne suffissent pas pour faire prononcer la nullité des actes dans lesquels les formes qu'elle prescrit n'auroient pas été observées, si la peine de nullité n'y étoit formellement exprimée. Et cependant il en est une dans cette section du nouveau code qui semble exiger de laisser au juge la latitude d'appliquer la nullité prononcée par cet article, ou de la repousser, suivant que les circonstances l'exigeront; c'est celle concernant les testamens et codicilles faits en mer, qui porte qu'il sera dressé un double original de ces testamens, précaution sage sans doute pour mettre à l'abri les actes de dernière volonté des événemens imprévus qui pourroient les anéantir. Sera-t-il nécessaire, *à peine de nullité*, qu'il soit fait mention, sur chacun des doubles, de l'exécution de cette formalité, comme dans les actes entre-vifs sous signature privée, le *fait double* est nécessaire pour que le contrat soit réputé synallagmatique ? Pourquoi surcharger d'une formalité si facile à éluder, un acte fait dans une position que toutes les lois tendent à dispenser de toute solennité qui n'est pas absolument nécessaire ? Qu'arrivera-t-il si l'acte unique, régulier en tout, hors ce seul point, échappe au naufrage ? sera-t-il déclaré nul par le seul motif de cette omission ? Ce seroit enfreindre l'esprit de la loi par une servile exécution de la lettre.

Abandonnons ces réflexions à la sagesse de nos législateurs, pour nous occuper des lois relatives à l'ouverture et au dépôt des testamens olographes, et de celle des testamens mystiques, et passer ensuite à la substance et à l'exécution de toutes les dispositions de dernière volonté.

X I.

De l'ouverture et dépôt des testamens olographes, et de celle des testamens mystiques.

Des trois formes de testament, admises par le nouveau code, ceux par acte public acquièrent, dès leur naissance, toute l'authenticité dont ils sont susceptibles.

Ils ne sont valables qu'autant que, passés devant notaires et témoins, il en reste minute ; l'ordonnance de 1735, et le nouveau code, chap. IV, sect. II, règlent la forme du dépôt de toutes dispositions testamentaires, dans lesquelles ont été employés

d'autres fonctionnaires publics que les notaires; tels que ceux reçus, dans notre ancien
droit, par les curés et leurs vicaires, les aumôniers des hôpitaux ; dans les nouvelles et
anciennes lois, par les majors et autres officiers, soit de terre ou de mer, dans les cas
désignés par les lois.

Il n'en est pas ainsi des testamens olographes et des testamens mystiques ; les testamens olographes, écritures privées, soit
qu'ils soient cachetés et secrets, soit qu'ils
ne le soient pas, ont besoin que l'écriture et
la signature du testateur soient authentique-
ment vérifiées ; que l'état du testament re-
présenté soit constaté, pour s'assurer que le
testateur lui-même ne l'a pas volontairement
adiré; car ce seroit une forme de révocation facile, comme nous le dirons ci-après ;
ils ont besoin d'être consignés dans un dépôt public, comme étant la loi des parties
intéressées.

« Tout testament olographe sera, avant
» d'être mis à exécution, présenté au pré-
» sident du tribunal de première instance de
» l'arrondissement dans lequel la succession
» est ouverte. *Ce testament sera ouvert,*
» *s'il est cacheté; le président dressera*

» procès-verbal de la présentation, de
» l'ouverture, et de l'état du testament,
» dont il ordonnera le dépôt entre les mains
» du notaire par lui commis. » *Code civil,
ibid, sect. IV, art. 296.*

Les lois romaines prescrivoient les mêmes formes pour l'ouverture des testamens mystiques.

« Ce qu'il importe d'abord est d'ouvrir
» les tablettes, c'est l'office du préteur; qu'il
» contraigne les signataires de se réunir,
» pour reconnoître ou méconnoître leurs
» sceaux. Car il importe à l'ordre public que
» les dernières volontés des hommes aient
» leur pleine exécution. ».

Cum ab initio aperiendæ sint tabulæ, prætoris id officium est. Cogat signatores convenire, et sigilla recognoscere, vel negare se signasse. Publicè enim expedit suprema hominum judicia exitum habere. LL. 4 et 5, dig. test. quemadmodum aper.

La souscription des testamens mystiques est authentique, parmi nous, par la nécessité d'employer un notaire pour la dresser; mais le corps de l'écriture ne l'est pas.

« Si le testament est dans la forme mys—
» tique, sa présentation, son ouverture, sa

» description, et son dépôt seront faits de
» la même manière ; *mais l'ouverture ne*
» *pourra se faire qu'en présence de ceux*
» *des notaires et témoins signataires de*
» *l'acte de souscription, qui se trouveront*
» *sur les lieux, ou eux appelés.* » Code
civil, ibid.

X I I.

De l'institution d'héritier et des legs
universels et à titre universel, et des
legs particuliers.

(1) Le nouveau code a modelé ses dispositions sur celles de l'article 299 de la coutume de Paris, parce que ce sont celles de
la raison.

« Institution d'héritier n'a lieu ; c'est-à-
» dire, *qu'elle n'est requise et nécessaire*
» *pour la validité du testament ;* mais ne
» laisse de valoir la disposition , *jusqu'à la*
» *quantité des biens* dont le testateur peut
» disposer par testament. » *Coutume de*
Paris , art. 299.

« Les dispositions testamentaires sont, ou
» universelles, ou particulières.

» Chacune de ces dispositions, *soit qu'elle*

» *ait été faite sous la désignation d'insti-*
» *tution d'héritier, soit qu'elle ait été faite*
» *sous la désignation de legs*, produira
» son effet, suivant les règles ci-après éta-
» blies pour les legs universels, pour les
» legs à titre universel, et pour les legs par-
» culiers. » *Code civil, ibid, sect. III*,
art. 291.

Ainsi tombe ce vice de prétérition des
enfans qui donnoit ouverture, dans le droit
prétorien, à la querelle d'inofficiosité, *quasi*
sanæ mentis testator non fuerit cum testa-
mentum ordinaret; « comme si le testateur,
» qui avoit omis d'instituer héritier chacun
» de ses enfans; (et ensuite, par la loi de
» Justinien, de faire mention d'aucun d'eux,
» soit à titre d'institution ou de legs), ne
» fut pas censé être sain d'esprit; » cette
substitution pupillaire, qui avoit pour objet
d'assurer un héritier institué au défunt, si
son fils pupille venoit à décéder avant l'âge
de puberté, et tous les genres d'exhérédation.

Nous avons parlé, sur le premier nombre
de ce titre de l'exhérédation officieuse, par
laquelle le testateur, pour mettre un frein
à la prodigalité d'un fils dissipateur, le réduisoit à l'usufruit de sa part héréditaire;

instituant héritiers ses petits-enfans, rem-
placée avec avantage par la permission que
le nouveau code accorde au père de famille,
de charger ou tous, ou l'un de ses enfans,
de restituer à son décès la portion disponible de sa succession à tous ses petits-enfans
sans exception ni limitation, et sans porter
au delà de ce premier degré, l'ordre qu'il
juge convenable d'établir dans sa succession. L'exhérédation proprement dite, celle
que nos ordonnances autorisoient les père
et mère de prononcer contre leurs enfans,
qui même parvenus à l'âge de trente ans
pour les mâles, vingt-cinq ans pour les
femelles, avoient contracté un mariage valide sans requérir, par des *sommations
respectueuses*, leur consentement; indépendamment de son extrême rigueur, renfermoit l'injustice de punir la postérité du
fils irrévérent d'une faute à laquelle il n'avoit
pas participé. Si l'on parcourt les autres
causes d'exhérédation énoncées dans la no-
velle 115 de Justinien, qu'on les rapproche
de celles qui rendent l'héritier du sang, soit
en directe, soit en collatérale, indigne de
succéder, telles que nous les avons trans-
crites d'après les lois romaines, au titre

des Successions, on se convaincra qu'elles sont les mêmes; que les motifs d'indignité sont même plus nombreux que les causes d'exhérédation. Ainsi le fils ingrat n'échappera pas à la peine de son crime ; mais la loi seule la prononcera, non la volonté de l'homme. Cette idée est grande, digne de la sagesse du législateur.

Passons aux deux sortes de legs universels, et à ce que le nouveau code a puisé dans les trois livres du digeste *de legatis et fideicommissis*, et dans les titres du code, des instituts et des novelles, relatifs à l'interprétation des dernières volontés des défunts.

Le nouveau code distingue les *legs universels*, des *legs à titre universel*.

« Le *legs universel* est la disposition tes-
» tamentaire par laquelle le testateur donne
» *à une ou plusieurs personnes* l'univer-
» salité des biens qu'il laissera à son décès. »
Code civil, ibid, *sect. IV, art.* 298.

« Le *legs à titre universel* est celui par
» lequel le testateur lègue *une quote part*
» des biens dont la loi lui permet de dis-
» poser, telle qu'une moitié, un tiers, ou
» *tous ses immeubles*, ou *tout son mobi-*
» *lier.* » *Code civil, ibid,* sect. V, art. 299.

Le *legs universel* s'étend sur la totalité de la portion disponible de la succession, et ne peut être limité que par la concurrence d'un légataire ayant le même droit, le même titre. Le *legs à titre universel* est limité par la disposition du testament, à une espèce de biens, tous les meubles, tous les immeubles, ou à une quotité déterminée, la moitié, le tiers, le quart, etc., et ne peut s'étendre au delà ; le surplus appartient à l'héritier ou au légataire universel.

De cette distinction résulte toute l'économie des dispositions du nouveau code.

Le légataire universel représente l'héritier institué : *Successor in universum jus et causam defuncti.* « Successeur dans l'uni- » versalité des droits et des obligations du » défunt. » Avec ces différences, 1°. que l'institution d'héritier du droit romain étoit nécessaire à la validité du testament, sauf les modifications que Justinien y a apportées, que notre ancienne jurisprudence avoit adoptées ; qu'elle ne l'étoit pas dans nos coutumes : qu'elle ne l'est pas dans le nouveau code ; 2°. que l'héritier institué étoit saisi dans les principes du droit romain ; non sans être obligé de s'adresser au préteur pour demander l'envoi en possession, *secun-dum tabulas,* « conformément au testa-» ment, » comme s'expriment les lois ro-maines ; (car personne n'est autorisé à se faire justice à lui-même.) A quoi l'héritier du sang répondoit , quand il prétendoit attaquer la testament par la demande en envoi en possession, *contra tabulas,* « contre » le testament ; » que le *légataire à titre universel,* au contraire, n'étoit point saisi, qu'il étoit obligé, dans tous les cas, de demander la délivrance, non au magistrat, mais à l'héritier institué, ou *ab intestat. Legatum est donatio quœdam à defuncto relicta, ab hœrede prœstanda.* Inst. de leg. §. I. « Le legs est un don laissé par un » défunt, qui doit être acquitté par l'héri-» tier. »

Telle étoit la base de notre droit coutu-mier, qui repoussoit, comme le nouveau code, l'institution d'héritier, ou la trans-formoit en legs universel.

« Le mort saisit le vif, *son hoir plus* » *proche habile à lui succéder.* » Cou-tume de Paris, art. 314.

« Un legs de soi ne saisit, et faut en demander délivrance. » *Ibid.*

Ces dispositions de notre ancien droit, contradictoires en apparence, mises dans le creuset du nouveau code, produisent un amalgame propre à contenter tous les esprits, parce qu'il est conforme à la raison et à l'équité.

Quand le testateur a institué un ou plusieurs légataires universels, portez vos regards sur la nature de l'hérédité : est-elle composée de biens disponibles et de biens non disponibles affectés par la loi à l'héritier en ligne directe, soit descendante, soit ascendante ; car c'est le seul cas, aux termes des articles 205 et 206 du nouveau code auquel cette distinction ait lieu ? Alors la saisine légale de l'héritier du sang l'emporte sur la volonté de l'homme ; le légataire universel sera tenu de demander la délivrance de son legs à l'héritier légitime ; et toutefois si cette demande est formée dans l'année, le légataire universel jouira des fruits à compter de l'ouverture de la succession ; si la demande n'est formée qu'après l'an révolu, les fruits ne lui appartiendront, comme dans notre ancien droit coutumier, que du jour de la demande.

« Lorsqu'au décès du testateur il y a des

» héritiers auxquels une quotité de ses biens
» est réservée par la loi , *ces héritiers sont*
» *saisis de plein droit, par sa mort, de*
» *tous les biens de la succession*, et le
» légataire universel sera tenu de leur de-
» mander la délivrance des biens compris
» dans le testament. » *Code civil*, ibid ,
sect. IV, art. 293.

« Néanmoins , dans les mêmes cas, le
» légataire universel aura la jouissance des
» biens compris dans le testament, *à comp-*
» *ter du jour du décès*, si la demande a été
» faite *dans l'année depuis cette époque ;*
» sinon cette jouissance ne commencera que
» *du jour de la demande formée en justice*,
» *ou du jour que la délivrance auroit été*
» *volontairement consentie.* » Ibid , art.
294.

Toute la succession étoit-elle disponible,
sans qu'aucun héritier en ligne directe, ascendante ou descendante, pût réclamer une
réserve légale en sa faveur? La saisine légale
s'opère en faveur du légataire universel ,
comme elle s'opéroit dans le droit romain
en faveur de l'héritier institué, par la seule
force du testament en forme authentique;
(car l'effet de l'authenticité de l'acte est de

rendre le titre exécutoire par lui-même) *et néanmoins si le testament est olographe ou mystique*, le légataire universsl sera tenu de requérir du magistrat l'envoi en possession de l'hérédité.

« Lorsqu'au décès du testateur il n'y aura » pas d'héritiers auxquels une quotité de » ses biens soit réservée par la loi, le léga- » taire universel sera *saisi de plein droit par la mort,* sans être tenu de demander » la délivrance. » *Ibid*, art. 295.

ɔ Dans le cas de l'article 295, *si le tes- » tament est olographe ou mystique,* le » légataire universel sera tenu de se faire » envoyer en possession par une ordonnance » du président, mise au bas d'une requête à » laquelle sera joint l'acte de dépôt. » *Ibid,* *art.* 297.

Il n'en est pas ainsi du *légataire à titre universel,* dont le droit, limité par la dis- position même du testament, soit à une nature de biens, soit à une quotité déter- minée, ne met point obstacle à la saisine légale de l'héritier du sang ou du légataire universel. Le légataire à titre universel est donc tenu de leur demander délivrance.

« *Les légataires à titre universel* seront

» tenus de demander la délivrance aux hé-
» ritiers auxquels une quotité de biens est
» réservée par la loi, à leur défaut aux lé-
» gataires universels, et à défaut de ceux-
» ci, aux héritiers appelés dans l'ordre
» établi au titre des *Successions.* » Ibid,
sect. V, art. 300.

De quel jour *le légataire à titre universel*
jouira-t-il des fruits ? Le nouveau code **ne**
s'explique pas directement sur cette question;
mais la distinction établie par la loi, entre
le legs universel et le legs à titre universel,
donne lieu de conclure qu'il faut se rapporter
dans ce cas, aux principes de notre ancien
droit, que le légataire, même à titre universel, ne jouira des fruits que du jour de
la demande en délivrance, ou de celui auquel elle aura été volontairement consentie
en sa faveur. Il n'est en effet, vis-à-vis de
l'héritier du sang, vis-à-vis du légataire universel, qu'un légataire particulier; or, la
question, considérée sous ce point de vue,
est décidée par la loi.

« Tout legs pur et simple donnera au
» légataire, du jour du décès du testateur,
» un droit à la chose léguée, droit trans-
» missible à ses héritiers.

« Et néanmoins *le légataire particulier*
» ne pourra se mettre en possession de la
» chose léguée, *ni en prétendre les fruits*
» *ou intérêts*, qu'à compter de sa demande
» en délivrance formée en justice,... ou
» du jour auquel cette délivrance auroit été
» volontairement consentie. » *Ib.*, *sec. VI*,
art. 3o3.

Exceptions. « 1°. Lorsque le testateur
» aura expressément déclaré sa volonté.

» 2°. Lorsqu'une rente viagère ou pen-
» sion aura été léguée à titre d'alimens. »

Ibid, art. 3o4.

Voilà *quant à l'actif.*

Quant au passif. Les premières dettes
privilégiées sur toute la succession, sont les
frais funéraires, et les frais d'inventaire,
d'ouverture et de dépôt du testament. Les
frais même de délivrance des legs sont à la
charge de la succession, « sans néanmoins
» qu'il puisse en résulter de réduction de
» la réserve légale.

» Les droits d'enregistrement seront dus
» par le légataire.

» *Le tout, s'il n'en a été autrement or-*
» *donné par le testament.*

» Chaque legs pourra être enregistré sé-

» parément, sans que cet enregistrement
» puisse profiter à aucun autre qu'au léga-
» taire, ou à ses ayant-cause. » *Ibid ,
art.* 3o5.

Quant aux autres charges, vous avez vu,
au titre des *Successions ,* comment, dans
notre ancien droit coutumier qui, remontant à l'origine de la propriété des immeubles, formoit de chaque nature de biens,
comme autant d'hérédités, les héritiers des
propres, des meubles et acquêts, etc. etc.
étoient tenus de contribuer aux dettes, en
proportion de l'émolument, chacun *pour
telle part et portion qu'ils amandoient
de l'hérédité ,* pour me servir des expressions tant de fois citées dans notre coutume,
et hypothécairement pour le tout ; sauf le
recours contre ses cohéritiers de celui qui
avoit payé au delà de sa portion contribu-
toire. Il en est de même, dans le nouveau
code, entre les héritiers en ligne directe,
qui jouissent des biens non disponibles, les
légataires universels, les légataires à titre
universel.

« Le légataire à titre universel sera tenu,
» comme le légataire universel, des dettes
» et charges de la succession du testateur,

» *personnellement* pour sa part et portion,
» *et hypothécairement* pour le tout. » *Ibid,*
sect. V, art. 301.

« Tout autre legs ne forme qu'une dispo-
» sition à titre particulier. » *Ibid., art.* 299.

« Les héritiers du testateur et autres dé-
» biteurs d'un legs, seront personnellement
» tenus de l'acquitter, chacun au *prorata* de
» la part et portion dont ils profiteront dans
» la succession.

» Ils en seront tenus hypothécairement
» pour le tout, jusqu'à concurrence de la
» valeur des immeubles dont ils seront dé-
» tenteurs. » *Ibid, sect. VI, art.* 306.

Les légataires particuliers ne sont pas les
représentans du défunt. Ils ne peuvent être
tenus des dettes de la succession, qu'en
vertu de l'action hypothécaire, sauf leur
recours de garantie sur les autres biens de
la succession, *ibid, art.* 313, ni éprouver
de réduction, qu'autant que ces dettes, dé-
duites sur la masse de l'hérédité, la somme
des legs tant universels, à titre universel,
que particuliers, excéderoit la valeur des
biens disponibles ; auquel cas la réduction
se feroit au marc le franc, sans distinction
de legs universels ou particuliers, comme

émanant également de la libéralité du défunt.

« Lorsque les dispositions testamentaires » excéderont la quotité disponible, la réduc- » tion se fera au marc le franc, sans distinc- » tion entre les legs universels et particu- » liers. » *Code civil, ibid, sect. II, art.* 216.

Exception. Si le testateur avoit expres- sément déclaré sa volonté qu'un tel legs fût acquitté de préférence aux autres ; auquel cas ce legs ne seroit réduit, qu'autant qu'il seroit nécessaire pour remplir les descendans et ascendans de la portion non disponible qui leur est réservée. » *Ibid, art.* 217.

X I I I.

De quelques interprétations dont les legs particuliers sont susceptibles.

Nos coutumes, notamment celle de Paris, étoient muettes sur les questions d'interpré- tation des testamens ; et peut-être n'étoit-ce pas un mal.

C'est ici qu'il est nécessaire de donner plus de latitude au ministère des juges.

Celui qui veut prévoir tous les cas, s'ex- pose à de fréquentes injustices par les circonstances incalculables qui les modifient, et quelquefois à des contradictions apparentes, dont les lois romaines elles-mêmes ne sont pas exemptes. Domat (1) en donne la raison.

L'ancien droit romain, très-superstitieux sur les formules, distinguoit quatre sortes de legs : *per vendicationem, per damnationem, sinendi modo, per prœceptionem.* Inst. *de leg.* §. 2. « Par vendication, » quand le testateur permettoit au légataire de revendiquer sur l'héritier institué la chose léguée ; « par condamnation, » lorsque, comme juge suprême dans sa maison, il *condamnoit* l'héritier institué à livrer la chose léguée au légataire ; « par manière de » permission » accordée au légataire de requérir de l'héritier institué la chose léguée ; enfin *par préciput,* ce qui ne regardoit que la concurrence des qualités d'héritier et de légataire, quand le testateur ordonnoit en faveur de l'un de ses héritiers une prélibation de la chose ou de la somme léguée sur la masse de l'hérédité.

----

(1) Lois Civiles, liv. IV, tit. II, sect. VII, dans le préambule.

Ces formules servoient à guider le juge sur le parti qu'il devoit prendre dans les dispositions ambiguës ; obligé de se livrer à des conjectures toujours incertaines, de faire pencher la balance, ou en faveur de l'héritier débiteur, ou du légataire créancier de la libéralité du défunt ; de quel côté devoit-elle incliner ?

Nous disons dans les questions ambiguës ; car « lorsqu'il n'y a aucune ambiguité » dans les mots, il n'est pas permis au » magistrat de s'écarter du sens naturel des » paroles, sous prétexte de rechercher l'in- » tention. » *Cum in verbis nulla ambiguitas est, non debet admitti voluntatis questio.* L. 25, §. 4, *de leg.* 3°. C'est la règle fondamentale.

Lorsque les formules étoient encore en usage dans Rome, le ton même qu'avoit pris le testateur indiquoit ses intentions ; s'il avoit autorisé son légataire *à revendiquer* la chose léguée, il étoit évident que, dans le doute, il avoit voulu favoriser le légataire ; la preuve étoit moins forte, s'il s'étoit contenté de lui *permettre* de former sa demande en délivrance ; s'il avoit *condamné* son héritier à acquitter le legs, la balance de la justice sembloit devoir pencher pour la libération du débiteur; enfin, s'il avoit ordonné que le legs seroit *prélevé par préciput* sur la masse de la succession, il étoit clair qu'il avoit voulu favoriser celui à qui il avoit accordé cette prélibation.

Une première loi des empereurs Constantin, Constance et Constant, « dispensa » des formules dans les legs et les fidéi-» commis ; en sorte qu'il ne soit (dit la loi) » de nulle importance de rechercher quels » mots le hasard ou l'usage aura fourni au » testateur pour exprimer sa volonté. »

In legatis vel fidei-commissis necessaria non sit verborum observantia; ita ut nihil prorsus intersit, quis talem voluntatem verborum casus exceperit, aut quis loquendi usus effuderit. L. 21, C. *de leg.*

Justinien étendit cette disposition par la loi 1ere. *C. comm. de legatis et fidei-comm.* rappelée dans le §. 3, *inst. de leg.;* « pour » rendre, dit l'empereur, les volontés des » défunts plus stables, favorisant plutôt à » leurs intentions qu'à leurs paroles, nous » ordonnons que tous les legs seront de » même nature, et qu'en quelques paroles » qu'ils soient conçus, les légataires aient

» le droit de poursuivre l'héritier, pour le
» forcer à les acquitter; non - seulement
» par action personnelle, mais réelle et hy-
» pothécaire..... »

*Nostra autem constitutio , quam cum
magnâ fecimus lucubratione, defunctorum
voluntates validiores esse cupientes, et
non verbis, sed voluntatibus eorum fa-
ventes, disposuit, ut omnibus legatis
unâ sit natura; et quibuscumque verbis
aliquid relictum sit, liceat legatariis id
persequi, non solum per actiones per-
sonales sed etiam per in rem et per hy-
pothecariam.* Inst. *de leg.* §. 2.

De ce changement de lois a dû résulter,
dans la compilation du digeste, des contradictions nécessaires entre les décisions des
jurisconsultes, *responsa prudentum ,* qui
avoient émis leurs décisions sous l'empire
des formules, et de ceux qui, n'étant plus
gênés par ces formules, n'avoient suivi, sur
les questions qui leur étoient présentées, que
l'impulsion de leur jugement.

Le nouveau code en fournit quelques
exemples dans la décision desquels il se
conforme quelquefois, et s'écarte quelquefois des lois romaines.

Successions. — Donations , etc. 8

(1) « La chose léguée sera délivrée, avec
» ses accessoires nécessaires, et dans l'état
» où elle se trouvera au jour du décès du
» donateur. » *Code civil, ibid, sect. VI,
art. 307.*

Ainsi « le testateur a légué une maison
» qu'il avoit achetée sans jardin ni usines;
» il les a réunis à son fond par des acqui-
» sitions postérieures, même depuis l'épo-
» que à laquelle il a testé, et légué cette
» maison, sans spécifier le jardin et les
» usines qui en dépendent ; ils ne seront
» pas moins compris dans le legs par la
» destination du père de famille. »

*Si quis, post testamentum fundo Titiano
legato partem aliquam adjecerit, quam
FUNDO TITIANO DESTINARET; id quod adjec-
tum est exigi à legatario potest.* L. 24. dig.
de leg. 1.

Il n'en seroit pas de même si les acquisitions que le testateur auroit faites, *quoique
contiguës* à la maison ou à la terre léguée,
n'avoient pas une destination spéciale pour
en faire partie.

« Lorsque celui qui a légué la propriété
» d'un immeuble, l'a ensuite augmentée par
» des acquisitions, ces acquisitions, *fussent-*

» *elles contiguës,* ne seront pas censées,
» *sans une nouvelle disposition,* faire par-
» tie du legs.

» Il en sera autrement des embellisse-
» mens et des constructions nouvelles faites
» sur le fond légué, *ou d'un enclos dont le*
» *testateur auroit augmenté l'enceinte.* »

Ædibus denique legatis, columnas et marmora, quæ post testamentum factum adjecta sunt, legato dicimus cedere. Inst. *de leg.* §. 19.

« Une maison ayant été léguée, les co-
» lonnes et les marbres que le propriétaire
» y a ajoutés, après avoir fait son testa-
» ment, font partie du legs. »

(2) « *Si avant le testament ou depuis,* la
» chose léguée a été hypothéquée pour une
» dette de la succession, ou même pour la
» dette d'un tiers, ou si elle est grevée d'un
» usufruit, celui qui doit acquitter le legs
» n'est pas tenu de le dégager, *à moins*
» *qu'il n'ait été chargé de le faire par une*
» *disposition expresse du testament.* »

Code civil, ibid, art. 309.

Ici le nouveau code décide précisément
le contraire de la loi romaine.

« Si le testateur a légué sa chose, et ensuite

» l'a aliénée, Celsus pense qu'elle n'est pas
» moins due, si le testateur n'a pas vendu
» la chose léguée dans le dessein de révo-
» quer le legs; et les empereurs Sévère et
» Antonin l'ont décidé ainsi. Ils ont décidé
» pareillement, que celui qui, après avoir
» testé, a engagé les fonds qu'il avoit légués,
» ne paroissoit pas avoir révoqué le legs,
» et *que, par cette raison, le légataire*
» *avoit action pour forcer l'héritier à dé-*
» *gager les fonds légués;* mais que si de
» la chose léguée partie a été aliénée par le
» testateur, la partie qui n'a pas été aliénée
» est due sans difficulté; *que la partie qui*
» *a été aliénée est due de même, s'il n'est*
» *prouvé que le testateur l'a aliénée dans*
» *le dessein de la retrancher du legs.* »

Si rem suam legaverit testator, postea-
que eam alienaverit, Celsus putat, si non
adimendi animo vendiderit, nihilominus
deberi; idemque D. Severus et Antoninus
rescripserunt, eum qui, post testamentum
factum prædia quæ legata erant pignori
dedit, adimisse legatum non videri; et
ideo legatarium cum hærede ejus agere
posse ut prædia à creditore luantur. Si
vero quis partem rei legatæ alienaverit,

pars quæ non est alienata, omnino debe-
tur : pars autem alienata ita debetur, si
non adimendi animo alienata sit. Inst.
ibid, §. 12.

(3) « On peut léguer non-seulement sa
propre chose et celle de son héritier ; mais
» celle d'autrui ; en sorte que l'héritier soit
» forcé de l'acquérir et de la livrer ; ou s'il
» ne peut l'acheter, d'en payer la valeur.....
» Quand nous disons que la chose d'autrui
» peut être léguée, il faut entendre si le
» défunt n'ignoroit pas que la chose léguée
» ne lui appartenoit pas ; car il est à présu-
» mer qu'il n'eût pas légué cette chose, s'il
» eût su qu'elle ne lui appartenoit pas ; ainsi
» l'a décidé le pieux Antonin.

» Et il est plus vraisemblable d'imposer
» au demandeur, c'est-à-dire au légataire,
» l'obligation de prouver que le défunt
» savoit que la chose léguée appartenoit
» à autrui , que d'obliger l'héritier à
» prouver que le défunt ignoroit que la
» chose léguée ne lui appartenoit pas ; car
» il est de règle certaine que la nécessité de
» prouver retombe sur le demandeur. »

Non solum autem testatoris vel hæredis
res , sed aliena legari potest ; ita ut hæres

cogatur redimere eam et præstare; vel si non potest redimere æstimationem ejus dare...... Quod autem diximus alienam rem posse legari, ita intelligendum est; si defunctus sciebat alienam esse, non si ignorabat. Forsitan enim si scivisset alienam rem esse, non legasset; et ita D. Pius rescripsit. Et verius est, ipsum qui agit, id est legatarium probare opportere scivisse alienam rem legare defunctum : non hæredem probare opportere ignorasse alienam, quia semper necessitas probandi incumbit illi qui agit. Ibid, §. 4.

Le nouveau code ne s'explique pas expressément sur le legs de la chose de l'héritier institué, ou du légataire universel. En effet on peut le défendre par ce motif que dans ce cas le legs particulier est la condition de l'institution d'héritier, de légataire universel. « Je vous fais mon héritier, mon » légataire, mon représentant universel, à » condition que vous abandonnerez tel objet » qui vous appartient à celui que j'en gra- » tifie; » condition qui n'a rien d'illicite; mais le nouveau code repousse toutes les distinctions du droit romain, quant au legs de la chose d'autrui.

« Lorsque le testateur aura légué la
» chose d'autrui, le legs sera nul, *soit que*
» *le testateur ait connu ou non qu'elle ne*
» *lui appartenoit pas.* » Code civil, *ibid,*
art. 310.

(4) La raison même dit que « lorsque le
» legs sera d'une chose indéterminée, l'hé-
» ritier ne sera obligé de la donner *ni de la*
» *meilleure qualité, ni de la plus mau-*
» *vaise.* » Ibid, art. 311.

Les lois romaines l'avoient ainsi prescrit.

« Si un esclave a été légué, l'héritier ne
» sera pas obligé de livrer le meilleur ; mais
» il ne satisfera pas à son obligation en
» livrant le moindre. »

Legato generaliter relicto, (veluti ho-
minis) Caïus Cassius scribit id esse ob-
servandum nec optimus vel pessimus acci-
piatur. L. 37. dig. *de leg.* 1°.

(5) « Le legs fait au créancier ne sera pas
» censé en compensation de sa créance, ni
» le legs fait au domestique en compen-
» sation de ses gages. » *Code civil, ibid,*
art. 312.

La loi romaine décidoit autrement cette
question.

« Si un créancier lègue à son débiteur ce

» qu'il lui doit, le legs est inutile, s'il
» n'excède pas le montant de la dette. Mais
» si le débiteur a légué purement et simple-
» ment ce qu'il ne devoit qu'à terme ou
» sous condition, le legs est utile à cause de
» l'accélération du paiement..... »

*Si debitor creditori suo quod debet,
legaverit, inutile est legatum, si nihil
plus est in legato quem in debito ; quia
nihil plus per legatum habet. Quod si in
diem, vel sub conditione debitum ei purè
legaverit, utile est legatum, propter re-
presentationem.* Inst. *ibid*, §. 14.

La loi nouvelle est plus juste ; elle ne
suppose pas que le testateur ait voulu se
jouer de son légataire ; et par ce motif elle
rejette la compensation.

(6) Enfin si le testateur a légué son hérédité entière, ou portion quelconque, ou un
objet particulier, à deux ou plusieurs personnes, et que l'une d'elles ne puisse profiter
de la disposition, parce qu'elle est décédée
avant le testateur, ou parce qu'elle renonce,
ou enfin par l'une des causes qui sera expo-
sée dans le nombre suivant, à qui accroîtra
cette portion du défaillant ?

La loi 142, au digeste *de verb. sign.* ; la

loi 66, *ibid, de hæredis inst.*; la loi 80, *de leg* 1°.; la loi 89, *de leg.* 3°.; le §. 8, *inst. de leg,*, se déterminent par la forme de la disposition.

Ou les deux héritiers ou légataires sont conjoints, *re et verbis,* « par la chose et » par les paroles. » Exemple. « J'institue » N. et N. mes héritiers ou mes légataires » universels. » Ou, s'il s'agit d'un legs : « Je » lègue à N. et à N. ma terre de.... » Dans ce cas, il est évident que le testateur a porté une égale affection à ses héritiers institués ou légataires ; qu'il les a préférés à ses héritiers légitimes sur une portion disponible de son hérédité. La portion du défaillant accroîtra donc à son cohéritier ou colégataire.

S'ils sont conjoints, *re tantum,* « par la » chose seule », comme parlent les lois ; c'est-à-dire que chacun d'eux soit institué héritier ou légataire universel, ou légataire particulier du même objet, sans que le testateur ait désigné la part qui appartiendra à chacun d'eux, ils sont dans le même cas que ceux qui ont une chose commune sans convention ; ils ont un droit universel qui ne peut être restreint que par la concurrence ; si celui qui avoit droit à cette concurrence cesse d'y prétendre, son conjoint l'exerce en entier.

Mais si le testateur a limité leur droit : « J'institue N. et N. mes héritiers ou mes » légataires universels ; (je lègue à N. et » à N. ma terre), *pour la partager par* » *moitié, ou autre portion.* » Le testateur n'a voulu, disent les lois citées, donner à chacun d'eux que la portion qu'il lui a assignée ; ils ne sont conjoints que « par pa-» roles », *verbis tantum ;* la portion défaillante accroîtra donc à l'héritier du sang, à l'héritier institué, au légataire universel ; non à celui qui n'a pour lui qu'un vain son.

C'est ce que le nouveau code développe clairement en deux articles, n'ajoutant qu'un seul mot relativement à la dernière espèce proposée par les lois romaines ; c'est la présomption qui résulte de l'indivisibilité naturelle de la chose léguée, si elle ne peut être partagée sans détérioration.

« Il y aura lieu à l'accroissement au profit » des légataires, dans le cas où le legs sera » fait à plusieurs *conjointement.*

» Le legs sera réputé fait *conjointement,* » lorsqu'il sera fait par une seule et même » disposition, *et que le testateur n'aura*

» *pas assigné la part de chacun d'eux*
» *dans la chose leguée.* » Code civil, ibid,
sect. VIII, art. 333.

« Il sera encore réputé fait *conjointe-*
» *ment*, quand une chose, qui n'est pas sus-
» ceptible d'être divisée, sans détérioration,
» aura été donnée, par le même acte, à plu-
» sieurs personnes, même séparément. »

Ibid, art. 334.

XIV.

De la révocation des testamens et de
leur caducité.

(1) *Révocation.* Autant l'irrévocabilité est
l'essence de la donation entre-vifs, autant la
révocabilité l'est des dispositions à cause de
mort.

Deux espèces de révocation, l'une expresse, l'autre tacite.

Révocation expresse. Par l'ancien droit
romain, le seul changement de l'héritier
institué par un testament parfait, en emportoit la révocation, et de tous les codicilles
qui en dépendoient.

Nous avons vu cette rigueur du droit ancien modifiée par la constitution de Justi-

nien , même par rapport au testament dont
l'institution étoit viciée ou révoquée, si le
testateur n'avoit eu soin d'insérer, dans son
testament , la clause codicillaire ; c'est-à-
dire l'expression de sa volonte qu'il valût
comme codicille, s'il ne pouvoit valoir
comme testament.

Nous disons que le testament parfait est
révoqué par un autre testament parfait, dans
sa forme ; non qu'il soit nécesaire que ce
deuxième testament ait son exécution.

*Posteriore testamento quod jure factum
est, superius rumpitur; nec interest, ex-
titerit aliquis hæres ex eo an non; hoc
enim solum spectatur an aliquo easu exis-
tere potuerit. Inst. quibus modis test. in-
firm. §. 2.*

« Un premier testament est rompu par
» un deuxième régulièrement fait ; et il
» n'importe si l'héritier institué par ce
» deuxième testament profite de l'institu-
» tion ; car il suffit que quelqu'un en ait pu
» profiter....

» La révocation faite par un testament
» postérieur aura tout son effet, quoique ce
» nouvel acte reste sans exécution par l'in-

» capacité de l'héritier institué ou du léga-
» taire, ou par le refus de recueillir. »

Code civil, ibid, sect. VIII, art. 326.

La nécessité d'une forme ausi régulière dans le testament révoquant que dans le testament révoqué, ne recevoit que deux exceptions dans le droit romain ; le testament militaire, et celui qui appeloit, pour recueillir, l'héritier légitime.

Tunc prius testamentum rumpitur, cum posterius ritè perfectum est. Nisi fortè posterius, vel jure militari sit factum, vel in eo scriptus est qui ab intestato venire posset. Tunc enim et posteriore non perfecto superius rumpitur. **L.** 2 dig. *de inj. rupt. et irrit. fact. test.*

« Le premier testament est rompu par le
» second, si ce testament postérieur est
» parfait; à moins toutefois que ce ne soit
» un testament militaire, ou que l'héritier
» institué par ce deuxième testament, ne
» soit celui qui pourroit venir à la succes-
» sion *ab intestat;* car alors le premier tes-
» tament est rompu par le deuxième, même
» imparfait. »

Notre ancienne jurisprudence, générali-sant ces expressions, n'exigeoit aucune forme dans l'acte révocatoire ; ce qui exposoit à mille surprises.

Le nouveau code ne requiert pas rigoureusement un testament parfait pour révoquer le testament parfait antérieur ; mais que la volonté du défunt soit constatée par un acte authentique.

« Les testamens ne pourront être révo-
» qués en tout ou en partie, que par un tes-
» tament postérieur, *ou par un acte de-*
» *vant notaires, portant déclaration de*
» *changement de volonté.* » Inst. art. 324.

Nos testamens n'étant que des codicilles, puisque l'institution d'héritier n'a de force que comme legs universel, et plusieurs codicilles pouvant subsister en même temps, toutes les fois que leurs dispositions ne se contredisent pas ; le testament postérieur n'annulle le testament antérieur, qu'autant qu'il contient une révocation expresse, ou seulement dans *celles de ses dispositions qui se trouvent incompatibles avec les nouvelles.* Ibid, art. 325.

Révocation tacite. Il est deux sortes de révocations tacites ; l'une qui concerne le testament olographe resté entre les mains du testateur qui l'a adiré ; car c'est par ce motif que la loi charge le magistrat, à qui ce testament doit être présenté, *d'en cons-tater l'état*, avant *d'en ordonner le dépôt.*

Code civil, ibid, sect. IV, art. 296.

Ceci ne s'applique, parmi nous, qu'au testament olographe ; car c'est le seul qui reste en la possession du testateur après sa confection.

Il n'en étoit pas de même chez les Romains.

Aussi étendoient-ils cette révocation aux deux genres de testamens, le nuncupatif, et le mystique.

« Si le testateur a brisé les sceaux, c'est » comme si le testament n'eût pas été » signé. »

Si signa turbata sunt ab ipso testatore, non videtur signatum. L. 22, §. dig. *qui test. fac. possunt.*

« Si le testateur a déchiré l'enveloppe ; » s'il a brisé les sceaux, *pour preuve du* » *changement de sa volonté*, le testament » est annullé. »

Si quidem testator linum vel signatum inciderit, UTPOTE EJUS VOLUNTATE MUTATA, *non videtur testamentum valere.* L. 30. C. *de test.*

N. B. Ces mots ; « pour preuve de changement de » volonté. » *Ut pote voluntate mutatá;* car si le testament n'étoit adiré que par cas fortuit, tous ce qui resteroit de lisible devroit avoir son exécution.

« Les légataires, qui réclament ce que le
» testateur a effacé *à dessein*, sont repous-
» sés par l'exception, qui n'a pas lieu si
» le hasard seul a adiré la disposition.... »

Sed consulto quidem deleta exceptione repelluntur : inconsulto vero non repelluntur. L. 1, §. 3, dig. *de his quœ in test. del.*

Qui sera obligé de prouver le dessein du testateur de révoquer son testament dont la disposition est adirée ? — L'héritier ; car, bien que défendeur à la demande en délivrance, il excipe de la révocation.

In exceptionibus dicendum est reum partibus actoris fungi oportere; ipsumque exceptionem velut intentiomem implere.
L. 19, dig. *de prob.*

« Il faut dire que dans ses exceptions le
» défendeur devient demandeur, et qu'il
» doit produire les preuves de ses moyens ,
» de défense ; comme le demandeur, celles
» qui justifient de sa demande. »

La deuxième espèce de révocation tacite

consiste dans l'aliénation *de tout ou de par-*
tie de la chose léguée.

« Toute aliénation, *celle même par vente*
» *avec faculté de rachat ou par échange,*
» que fera le testateur *de tout ou de partie*
» de la chose léguée, emportera révocation
» du legs, *pour tout ce qui aura été*
» *aliéné, encore que l'aliénation posté-*
» *rieure soit nulle*, et que l'objet soit ren-
» tré dans la main du testateur. » *Ibid, sect.*
VIII, art. 327.

N. B. Ici, comme nous l'avons observé n°. XII,
relativement aux hypothèques dont le testateur auroit grevé la chose léguée postérieurement à l'époque
de son testament, à l'usufruit même dont il auroit
disposé par acte entre-vifs, le nouveau code décide
le contraire de ce que la loi romaine avoit ordonné ;
car ces lois faisoient dépendre la révocation de l'intention du testateur, et c'étoit l'héritier qui étoit
obligé de prouver que le testateur en aliénant ou
hypothéquant la chose léguée, avoit eu intention
de rendre illusoire la disposition qu'il en avoit faite
par son testament.

La cause du légataire devenoit d'autant
plus favorable, que le testateur s'étoit
trouvé forcé à cette vente par une nécessité
plus puissante.

Si rem suam testator legaverit; posteaque

Successions. — Donations, etc.   9

eam necessitate urgente alienaverit, fidei-commissum peti posse, nisi probetur adi-mere ei testatorem voluisse : probationem autem mutatæ voluntatis ab hæredibus exigendam. L. XI, §. 12. dig. *de leg.* 3º.

« Si le testateur a légué sa chose et l'a
» aliénée ensuite, *dans une nécessité pres-*
» *sante*, le fidéi-commis (il en est de même
» du legs) pourra être réclamé, si l'on ne
» prouve qu'il a eu intention d'en priver le
» légataire ; et cette preuve doit être exigée
» de l'héritier. »

Toutes ces distinctions engageoient en des preuves testimoniales, en des enquêtes, contre-enquêtes, etc. Le nouveau code se borne à un seul fait. De l'instant de l'aliénation, la chose léguée a cessé de faire partie des biens du testateur ; elle ne peut donc plus être réclamée par le léga-taire ; y fût-elle rentrée, soit par l'exercice de la faculté de *réméré*, ou de toute autre manière, si le testateur eût voulu que celui à qui il l'avoit léguée en profitât, il pouvoit renouveler sa disposition par une décla-ration postérieure de sa volonté.

A plus forte raison le legs est-il révoqué, si le testateur, depuis son testament, a donné cette chose à un autre. C'est l'espèce de la loi 18, dig. *de adim. et transfer. leg.*

(2) *Caducité.* Le testament, à quelque date qu'il soit fait, se reporte au décès du testateur : *le legs est donc nul,* « censé non » écrit, (pour parler le langage des lois) si » celui à qui il a été fait n'existoit pas au » temps du testament ; il devient *caduc,* si » le légataire prédécède le testateur, comme » par une condition tacite de survie. »

Si eo tempore quo alicui legatum adscribebatur, in rebus humanis non erat, pro non scripto habebitur. L. 4. dig. *de his quæ pro non scrip.*

....*Vel vivo testatore, is qui aliquid ex testamento habuit, post testamentum ab hac luce substrahebatur, vel ipsum legatum expirabat, forte quadam conditione sub quâ relictum fuerat deficiente.* L. un. §. 2. C. *de cad. tol.*

« Toute disposition testamentaire sera » caduque, si celui en faveur de qui elle » est faite n'a pas survécu au testateur. » *Code civil,* ibid, *art.* 328.

Quant aux conditions qui peuvent être apposées à l'institution d'héritier, ou au legs, et dont l'événement peut le consolider ou le rendre caduc, la nouvelle loi, conforme aux anciennes, en distingue de deux sortes, les unes résolutives, les autres suspensives.

Celles qui sont résolutives annullent l'institution ou le legs dans leur principe, si elles n'arrivent pas.

L'héritier institué ou le légataire n'ont aucun droit acquis avant l'événement de la condition ; ils n'en peuvent transmettre aucun à leurs héritiers.

Les conditions suspensives, au contraire, ne portent que sur l'exécution ; le droit n'est pas moins acquis à l'héritier institué ou au légataire. S'il a survécu le testateur, il le transmet à ses héritiers pour avoir son accomplissement au terme fixé par le testament.

« Toute disposition testamentaire, faite » sous une condition dépendante d'un évé- » nement incertain, et telle que, *dans* » *l'intention du testateur*, cette disposition » ne doive être exécutée qu'autant que l'é- » vénement arrivera ou n'arrivera pas, *sera* » *caduque*, si l'héritier institué ou le léga- » taire décède avant l'accomplissement de » la condition. » *Ibid*, art. 329.

« La condition qui, *dans l'intention du testateur*, ne fait que suspendre l'exécution de la disposition, n'empêchera pas l'héritier ou le légataire *d'avoir un droit acquis* et transmissible à ses héritiers. » *Ibid*, art. 330.

« Le legs sera caduc, si la chose léguée a totalement péri pendant la vie du testateur.

» Il en sera de même, si elle a péri depuis sa mort, *sans le fait et la faute de l'héritier*, quoique celui-ci ait été mis en retard de la délivrer, *lorsqu'elle eût également dû périr entre les mains du légataire*. » Ibid, *art. 331*.

« La disposition testamentaire sera caduque, lorsque l'héritier institué ou le légataire *la répudiera, ou se trouvera incapable de la recueillir.* » Ibid, *art. 332.*

« Les mêmes causes qui, suivant l'article 244, et les deux dispositions de l'art. 245 du Ier. titre, autoriseront la demande en révocation des donations entre-vifs, (l'inexécution des conditions facultatives dépendantes du donataire, de l'héritier, du légataire, ou son ingratitude, son indignité,) seront admises pour la

» révocation des dispositions testamen-
» taires. » *Ibid*, art. 335.

Si la demande est fondée sur une injure grave faite à la mémoire du testateur, elle doit être formée dans l'année, à compter du jour du délit. *Ibid*, art. 336.

XV.

Des exécuteurs testamentaires.

Le premier exemple d'exécuteurs testamentaires, dans le droit romain, ne remonte pas au-delà du cinquième siècle de notre ère, sous le règne d'Anthimius, empereur d'Occident, pour cause pie, la rédemption des captifs chrétiens.

« Si le testateur, dit la loi, a désigné la
» personne qu'il charge de la rédemption
» des captifs, cet exécuteur contraindra
» l'héritier au paiement du legs ou fidéi-
» commis ; et après l'avoir reçu, il rem
» plira l'intention du testateur, selon sa
» conscience. Si le testateur n'a désigné
» personne pour cette importante fonc
» tion.... l'évêque exigera le paiement du
» legs, et remplira les pieuses intentions du
» défunt. »

*Si quidem testator designaverit per quem
desiderat redemptionem fieri captivorum,
is qui specialiter designatus est, legati
vel fidei-commissi exigendi habeat licen-
tiam, et pro suâ conscientiâ votum adim-
pleat testatoris. Sin autem, personâ non
designatâ, testator absolutè tantummodo
summam legati vel fidei-commissi taxaverit
quæ debeat et memoratæ causæ proficere,
vir reverendissimus episcopus illius civi-
tatis ex quâ testator oritur, habeat facul-
tatem exigendi quod hujus gratiâ fuerit
derelictum, pium defuncti propositum,
sine ullâ mutatione, ut convenit, imple-
turus.* L. 28. §. 1. C. *de Episcopis.*

Ce fut l'origine, en des temps d'ignorance,
de cette autorité sans bornes, que les ecclé-
siastiques usurpèrent sur les dernières dispositions des défunts, dont nous trouvons
des vestiges dans plusieurs dispositions de
nos coutumes.

« Au roi et à l'évêque, et à chacun d'eux
» par prévention, appartient l'audition des
» comptes des testamens, *et non à autre...* »
Coutume de Meaux, rédigée en 1559,
art. 39.

L'usage s'étoit introduit, depuis long-

temps, que les mourans remissent leurs testamens entre les mains d'une ou de plusieurs personnes de confiance, pour veiller
à leur exécution, ordonnant qu'à cet effet
les exécuteurs nommés seroient saisis des
meubles et effets mobiliers de leurs successions, jusqu'à la concurrence de ce qui étoit
nécessaire pour la pleine exécution de leurs
volontés. Ainsi le firent Jeanne, comtesse de
Blois, en 1291; Jeanne de Sancère, en 1307.
Voyez Laurière, sur l'art. 297 de la coutume de Paris.

L'usage avoit introduit cette saisine; la
coutume en fit une loi, en bornant la saisine
de l'exécuteur testamentaire à une année.

« Les exécuteurs testamentaires sont sai-
» sis, durant l'an et jour du trépas du dé-
» funt, des biens meubles demeurés à son
» décès, pour l'accomplissement de son tes-
» tament, *si le testateur n'avoit ordonné*
» *que ses exécuteurs fussent saisis de*
» *sommes certaines seulement;* et est tenu
» ledit exécuteur faire inventaire en dili-
» gence, sitôt que le testament est parvenu
» à sa connoissance, l'héritier présomptif
» présent ou dûment appelé. » *Coutume de*
Paris, art. 297.

Ce que la loi a ordonné pour assurer l'exécution des volontés des défunts, ne tarde
pas à devenir une nouvelle source de procès,
par l'avidité des dépositaires.

Le nouveau code en arrête le cours, en
imprimant le sceau de la loi aux précautions prises par la jurisprudence antérieure,
et rappelant les exécutions testamentaires à
leur origine primitive.

(1) « Le testateur pourra nommer un
» ou plusieurs exécuteurs testamentaires. »
Code civil, ibid , *sect. VII, art.* 314.

« Il *pourra* leur donner la saisine de tout
» ou seulement de partie de son mobilier ;
» *mais elle ne pourra durer au delà de*
» *l'an et jour, à compter de son décès.*

» S'il ne l'a pas donnée , ils ne pourront
» l'exiger. » *Ibid,* art. 315.

N. B. C'est ici seulement que la loi nouvelle déroge
aux anciennes : ce qui étoit légal dans nos anciennes
lois, devient facultatif.

Bien entendu toutes fois que si le testateur n'a saisi de rien ses exécuteurs testamentaires, ils seront autorisés à se pourvoir
en justice, pour exiger qu'il leur soit remis
entre les mains les sommes nécessaires pour
l'exécution des dernières volontés du dé-

funt ; autrement leur ministère deviendroit illusoire.

Comme aussi lors même que l'exécuteur sera saisi de tout ou partie du mobilier ;

« L'héritier pourra faire cesser cette sai-
» sine, *en offrant de remettre aux exécu-*
» *teurs testamentaires somme suffisante*
» *pour le paiement des legs mobiliers ,*
» ou en justifiant de ce paiement. » *Ibid,*
art. 316.

(2) L'exécution testamentaire est une sorte de tutelle ; ainsi :

La femme mariée et commune en biens ne peut accepter l'exécution testamentaire sans le consentement et l'autorisation de son époux. *Ibid ,* art. 318.

Séparée de biens , soit par contrat de mariage , ou par justice , elle le peut , *autorisée par justice.* Ibid.

Le mineur, même autorisé par son tuteur ou curateur, ne le peut. *Ib.,* art. 318. *Voyez* 1re. partie, titre *des Tutelles.*

(3) *Devoirs des exécuteurs testamentaires.*

Faire apposer les scellés , s'il se trouve des mineurs , des absens , des interdits. *Voy.*

le titre *des Tutelles* et celui *des Succes-sions.*

Faire inventaire, l'héritier présent ou dûment appelé. *Ibid.*

Provoquer la vente du mobilier, *à défaut des deniers suffisans , pour acquitter les legs.* Ibid.

Veiller à l'exécution du testament , intervenir dans les contestations , s'il est nécessaire. *Ibid.*

Rendre compte à l'expiration de l'année de l'exécution testamentaire. *Ibid.*

« Les frais faits par l'exécuteur testamen-
» taire, pour l'apposition des scellés , l'in-
» ventaire, le compte et les autres faits re-
» latifs à ses fonctions, seront à la charge
» de la succession. *Ibid,* art. 323.

 (4) L'exécution testamentaire est un ministère de confiance. « Les pouvoirs de l'exé-
» cuteur testamentaire ne passent donc pas
» à ses héritiers. »

Mais ses obligations y passent, pour rendre compte , s'il avoit commencé l'exécution et qu'il soit mort dans l'année.

 (5) « S'il y a plusieurs exécuteurs testa-
» mentaires qui aient accepté, un seul pourra
» agir au défaut des autres, *et ils seront soli-*

» *dairement responsables du compte du*
» *mobilier qui leur a été confié ;* à moins
» que le testateur n'ait divisé leurs fonc-
» tions, et que chacun d'eux ne se soit ren-
» fermé dans celle qui lui a été attribuée. »
Ibid, art. 322.

X V I.

De quelques objets qui participent
des dispositions entre-vifs et testamentaires.

1°. La charge de restitution des biens
disponibles que les père et mère sont autorisés, par le nouveau code, à imposer à l'un
ou à plusieurs de leurs enfans, au profit de
tous leurs petits-enfans, au premier degré
seulement; les frères et sœurs au profit de
leurs neveux et nièces.

2°. Les partages faits par les père et mère
et autres ascendans entre leurs descendans,
de tout ou de partie de l'hérédité.

3°. Les donations par contrat de mariage.

4°. Les donations tant entre-vifs que testamentaires des époux entr'eux, soit par
contrat de mariage, soit pendant le mariage.

5°. Les dispositions relatives au convol à des secondes noces.

(1) *Charge de restitution.* Voyez ci-dessus, sect. II, n°. II.

Exception à la prohibition indéfinie des substitutions fidéi-commissaires.

(2) Rien n'est si respectable que la volonté du patriarche distribuant entre ses descendans, soit entre-vifs, soit par testament, les biens qu'il recueillit dans l'hérédité de ses ancêtres, ou ceux qu'il acquit par son travail, son industrie, son économie. C'est par ce motif que les partages entre enfans furent, dans notre ancien droit, dispensés par la jurisprudence constante du parlement de Paris, des formalités rigoureuses des testamens des pays de droit écrit, qu'ils recevoient leur exécution dans ces provinces où les dispositions olographes n'étoient pas admises.

Mais cette faveur n'est pas un motif pour confondre la nature des dispositions entre-vifs et testamentaires, les biens disponibles et les biens non disponibles, et convertir la respectable prévoyance du père de famille, qui a pour objet de prévenir les discussions que les partages occasionnent trop souvent dans les familles, en un despotisme absurde.

L'ordonnance des *Testamens* n'a qu'une seule disposition sur cette matière.

« Tous testamens, codicilles, *actes de*
» *partages entre enfans et descendans,*
» ou autres dispositions à cause de mort,
» en quelque pays, et en quelque forme
» qu'ils soient faits, *contiendront la date*
» *du jour, mois et an;* et ce, encore qu'ils
» fussent olographes. Ce qui sera pareille-
» ment observé dans le testament mystique,
» tant pour la disposition, que pour celle
» de la souscription. » *Ordonn. de* 1735,
art. *XXXVIII.*

Le nouveau code renferme un dévelop-pement plus étendu.

« Les père et mère, et autres ascendans,
» pourront faire, entre leurs enfans et des-
» cendans, la distribution et le partage de
» leurs biens. » *Code civil, ibid, chap.*
VI, art. 264.

« Ces partages pourront être faits par
» actes entre-vifs ou testamentaires, *avec*
» *les mêmes formalités, conditions et*
» *règles prescrites pour les donations et*
» *testamens.* » Ibid, art. 265.

« Les partages faits par actes entre-vifs
» ne pourront avoir pour objet que les biens
» présens. » *Ibid.*

Par une conséquence de ces principes,
ils seront irrévocables pour les biens présens; ils renfermeront translation de la propriété, avec ou sans réserve d'usufruit; et
néanmoins ne dispenseront pas d'un nouveau
partage, si le testateur a fait des acquisitions
postérieures; même de mobilier, si celui
qui se trouvera au décès, n'est pas le même
que celui compris en l'état annexé à la do--
nation, comme il a été dit.

Ainsi tombent *ces démissions de biens*
autorisées par la jurisprudence de quelques
parlemens, sources intarissables des procès
qui *empoisonnoient* (pour me servir des expressions de l'orateur du gouvernement),
*trop souvent la vie de ceux que la ten-
dresse paternelle avoit déterminés à cet
abandon.*

« Si tous les biens que l'ascendant laissera
» au jour de son décès n'ont pas été com-
» pris dans le partage, ceux de ces biens
» qui n'y auront pas été compris seront
» partagés conformément à la loi. » *Ibid,*
art. 366.

Le testament seul qui se reporte à l'époque de la mort du testateur, peut opérer un partage complet entre les enfans ou descendans du testateur.

Si tous les enfans ou descendans n'étoient pas compris dans le partage, ce seroit une *prétérition*, telle qu'elle étoit admise dans le droit romain, d'abord lorsque tous les enfans n'avoient pas été institués héritiers, ensuite lorsque l'un d'eux n'avoit pas reçu au moins un legs, quelque modique qu'il fût, sauf le supplément de légitime.

Ici l'enfant prétérit, ayant un droit universel sur les biens partagés, annulle, par sa présence seule, la distribution qui en a été faite entre ses frères et sœurs, même par acte entre-vifs; car ces biens n'ont été donnés à ses frères et sœurs *qu'en avancement d'hoirie*; c'est la règle générale de toutes les dispositions en ligne directe.

« Si le partage n'a pas été fait *entre les*
» *enfans qui existoient à l'époque du*
» *décès, et les descendans de ceux pré-*
» *décédés*, le partage sera nul pour le tout.
» Il en pourra être provoqué un nouveau
» dans la forme légale, *soit par les enfans*
» *ou descendans qui n'y auront reçu au-*

» *cune part, soit même par ceux entre*
» *qui il auroit été fait.* » Ibid , article 367.

Quelque respectable que soit la disposition du père de famille entre ses enfans; c'est un partage dont l'égalité est la base. Il est donc susceptible de rescision pour lésion *du tiers au quart*, suivant l'expression de notre ancien droit; *de plus du quàrt*, suivant le langage du nouveau code; ce qui n'empêche pas les préciputs, les dispositions particulières du père de famille en faveur de quelques-uns de ses descendans, par préférence aux autres, ainsi qu'il a été dit, pourvu qu'elles n'excèdent pas la quotité disponible.

« Le partage fait par l'ascendant pourra
» être attaqué *pour cause de lésion de plus*
» *du quart;* et pourra l'être aussi dans le
» cas où il résulteroit du partage *et des*
» *dispositions faites par préciput,* que l'un
» des copartageans auroit un avantage plus
» grand que la loi ne le permet. » *Ibid,*
art. 368

« L'enfant qui, pour une des causes expri-
» mées dans l'article précédent, attaquera
» le partage fait par l'ascendant , *devra*
» *faire l'avance des frais de l'estimation;*
» et il les supportera en définitif, ainsi que

Successions.—Donations, etc.   10

» les dépens de la contestation, si la récla-
» mation n'est pas fondée. » *Ibid, art.* 369.

(3) C'est une grande idée, digne de la sagesse de nos législateurs anciens et modernes, d'avoir fait planer, s'il est permis de parler ainsi, le contrat de mariage sur toutes les conventions, sur toutes les dispositions entre-vifs ou testamentaires de la vie humaine, ne l'assujétissant qu'aux seules formalités, aux seules restrictions que la nature même semble lui prescrire. Telle devoit être la dignité d'un engagement dont le lien indissoluble remonte à la fondation de la première société existante entre les hommes, antérieur à toutes les lois positives; dans lequel les deux futurs époux, sous l'autorité des auteurs de leurs jours, de deux familles qui bientôt n'en feront qu'une, recueillant les bienfaits de tous ceux dont l'attachement s'empresse de favoriser leur union, donnent la loi, non - seulement, comme dans les autres contrats, à la génération présente, mais à toute leur future postérité.

Je dis que ces grandes vues ont animé et nos législateurs anciens qni avoient établi en principe, *que le contrat de mariage étoit susceptible de toute convention qui n'étoit contraire, ni au droit naturel, ni aux mœurs;* et nos législateurs modernes, bien que l'art. 370 du chapitre V du nouveau code porte :

« Toute donation entre - vifs de biens
» présens, *quoique faite par contrat de*
» *mariage, aux époux ou à l'un d'eux,*
» sera soumise aux règles prescrites pour
» les donations faites à ce titre..... »

En effet, quelque contradictoire que paroisse cette disposition de la nouvelle loi avec la règle générale admise par notre ancien droit, lorsqu'on calcule les nombreuses exceptions qu'elle admet aux dispositions concernant la distinction des donations entre-vifs et testamentaires, on demeure convaincu qu'elle ne donne atteinte en aucune manière à la faveur et à l'autorité du contrat de mariage.

Parcourons ces exceptions.

1°. « Elle (la donation) ne pourra avoir
» lieu au profit des enfans à naître, si ce
» n'est dans les cas énoncés au chap. V ci-
» dessus. » (Les restitutions ou substitutions au premier degré ; non les substitutions graduelles de notre ancien droit.)

2°. La donation entre-vifs ne peut renfermer que les biens présens du donateur. *Ordonnance de 1731, art. XV. — Code civil, art.* 233.

Exception des donations par contrat de mariage. *Ordonnance de 1731, art. VII.*

« La donation par contrat de mariage
» pourra être faite cumulativement des biens
» présens et à venir, en tout ou en partie;
» à la charge qu'il sera annexé à l'acte un
» état estimatif des dettes et charges du
» donateur existantes au jour de la dona-
» tion..... » *Code civil*, ibid, *art.* 373.

N. B. Cet état n'est pas de nécessité pour la validité de la donation ; mais seulement pour donner le droit au donataire de diviser la libéralité, de s'en tenir aux biens présens, en acquittant les dettes et charges existantes lors de la donation, ou d'accepter la donation entière en se soumettant aux dettes et charges existantes au décès du donateur ; ainsi que le même article de l'ordonnance de 1731 l'y autorisoit.

« .... Auquel cas il sera libre au dona-
» taire, lors du décès du donateur, de s'en
» tenir aux biens présens, en renonçant au
» surplus des biens du donateur. » *Code civil*, ibid.

« Si l'état dont est mention au précédent
» article n'a point été annexé à l'acte conte-

» nant donation des biens présens et à venir,
» le donataire sera obligé d'accepter ou de
» répudier cette donation pour le tout.

» En cas d'acceptation, il ne pourra ré-
» clamer que les biens qui se trouveront
» vacans au jour du décès du donateur, et
» il sera soumis au paiement de toutes les
» dettes et charges de la succession. » *Ibid,*
art. 374.

(3) La donation de biens présens faite
sous la condition de payer les dettes que
le donateur laissera à son décès, ou sous
toute autre condition dependante de la
volonté du donateur, est nulle comme
manquant de ce caractère d'irrévocabilité
qui est de l'essence des donations entre-vifs.
Ordonnance de 1731 *, art. XVI. — Code*
civil, chap. III, sect. I, art. 234 *et* 235.

Exception, « dans les contrats de ma-
» riage en faveur des conjoints ou de leurs
» descendans, *par quelques personnes que*
» *lesdites donations soient faites.....* »
Ordonnance de 1731, art. XVII.

« La donation par contrat de mariage en
» faveur des époux et des enfans à naître du
» mariage, pourra être faite *à condition de*
» *payer indistinctement toutes les dettes*

» *et charges de la succession du donateur,*
» ou sous d'autres conditions dont l'exécu-
» tion dépendroit de sa volonté, *par quel-*
» *ques personnes que la donation soit*
» *faite, le donataire sera tenu d'accomplir*
» *ces conditions , s'il n'aime mieux renon-*
» *cer à la donation.....* » Code civil , *ibid,*
art. 375.

(4) Si le donateur s'est réservé la *liberté de*
« *di poser d'un effet compris dans la do-*
» *nation de ses biens présens , ou d'une*
» *somme fixe à prendre sur lesdits biens,*
» voulons.... que ledit effet ou ladite somme
» ne puisse être censés compris dans la
» donation, quand même le donateur seroit
» mort sans en avoir disposé; auquel cas
» ledit effet ou ladite somme *appartien-*
» *dront aux héritiers du donateur;* non-
» obstant toutes clauses et stipulations à ce
» contraires. » *Ordonnance de* 1731 *, art.*
XVI. — Code civil , chap. III, sect. I,
art. 236.

Exception du contrat de mariage : « En
» cas que le donateur *par contrat de ma-*
» *riage* se soit réservé la liberté de disposer
» d'un effet compris dans ses biens présens ,
» ou d'une somme fixe à prendre sur lesdits

» biens; voulons que s'il meurt sans en avoir
» disposé, ledit effet ou ladite somme ap-
» partienne *aux héritiers du donataire,*
» et soient censés compris dans la dona-
» tion.» *Ordonnance de* 1731, *art. XVIII.*

« Et en cas que le donateur *par contrat*
» *de mariage* se soit réservé la liberté de
» disposer d'un effet compris dans la dona-
» tion de ses biens présens, ou d'une somme
» fixe à prendre sur ces mêmes biens, l'effet
» ou ladite somme, s'il meurt sans en avoir
» disposé, seront censés compris dans la
» donation, et appartiendront *au donataire*
» *ou à ses héritiers.* » Code civil, *ibid.*

(5) Nous avons vu les donations par contrat de mariage exceptées de la necessité de
la tradition, et à ce titre participant de la
nature des donations testamentaires ; elles
sont censées acceptées de droit par le mariage des futurs époux ; car elles renferment
cette condition sans laquelle elles s'éva-
nouissent.

« N'entendons comprendre dans la dispo-
» sition des articles précédens, sur la néces-
» sité et la forme de l'acceptation des dona-
» tions entre-vifs, *celles qui seroient faites*
» *par contrat de mariage* aux conjoints

» ou à leurs enfans à naître, *soit par les*
» *conjoints eux-mêmes, ou par les ascen-*
» *dans ou parens collatéraux, même par*
» *des étrangers,* lesquelles donations ne
» pourront être attaquées ni déclarées nulles
» sous prétexte du défaut d'acceptation. »
Ordonnance de 1731 *, art. X.*

« Les donations faites par contrat de ma-
» riage ne pourront être attaquées ni décla-
» rées nulles, sous prétexte de défaut d'ac-
» ceptation. » *Code civil,* ibid *, art.* 376.

« Toute donation faite en faveur de ma-
» riage sera caduque, si le mariage ne
» s'ensuit pas. » *Ibid, art.* 377.

(6) Dans notre ancien droit, toutes les
libéralités étoient réductibles, pour fournir
à la légitime des enfans du donateur.

Le nouveau code fait les parts, divisant
les biens du donateur en disponibles et en
non disponibles, consistant dans la quotité
réservée en directe aux descendans et ascendans. Comme l'ancien droit, il soumet les
donations, même faites par contrat de mariage, à la réduction, si elles excèdent la
quotité des biens disponibles du testateur.

« Toutes donations faites aux époux, par
» leur contrat de mariage, seront, lors de

» l'ouverture de la succession du donateur,
» réductibles à la portion dont la loi lui
» permettoit de disposer. » *Code civil, ibid,*
art. 379.

7°. Rien n'est si contraire à la nature des donations entre-vifs, que les institutions d'héritiers contractuelles, les assurances de succession, les renonciations à successions futures, repoussées expressément par la loi romaine, même des contrats de mariage.

« *Pactum quod dotali instrumento com-* » *prehensum est,* UT SI PATER VITA FUNGE- » RETUR, EX ÆQUA PORTIONE EA QUÆ NUBE- » BAT CUM FRATRE HÆRES SUI PATRIS ESSET, » *neque ullam obligationem contrahere,* » *neque libertatem testamenti faciendi* » *mulieris patri auferre.* » L. 15, C. *de pactis.*

« Le pacte par lequel un père, mariant » sa fille, s'est engagé à faire que, s'il venoit » à mourir, elle partageât également son » hérédité avec son frère, n'est ni un » contrat obligatoire, ni, de la part du » père, une renonciation qui lui enlève le » droit de tester. »

Ce pacte illusoire, selon la loi romaine, si respectable dans nos mœurs, même dans le pays de droit écrit, *voyez* l'art. XIII de l'ordonnance de 1731 , le nouveau code n'en prononce pas le nom ; mais il en développe les conditions et les autorise ; consistantes en quatre points :

1º. *Dans le contrat de mariage seul ;* en faveur de deux époux ou de l'un d'eux ; par les ascendans, par des collatéraux, *par des étrangers.*

2º. Une telle stipulation n'enlève pas au donateur le droit de disposer de ses biens à titre onéreux, par vente, hypothèque, etc. ; mais seulement à titre gratuit, soit entre-vifs, ou par testament ; elle ne transmet au donataire qu'une simple espérance , mais *irrévocable,* de recueillir ou partager l'hérédité du donateur , telle qu'elle se trouvera à son décès.

3º. Cette espérance passe aux enfans et autres descendans *en ligne directe* du donataire.

4º. Elle devient caduque, si le donataire meurt avant le donateur, sans laisser de postérité.

« Les pères et mères, les autres ascen-
» dans, les parens collatéraux, *et même les*

» *étrangers*, pourront, *par contrat de
» mariage, donner tout ou partie des biens
» qu'ils laisseront au jour de leur décès*,
» tant au profit des époux, qu'au profit des
» enfans à naître de leur mariage, dans le
» cas où le donateur survivroit à l'époux
» donataire. » *Code civil, ibid, art.* 371.

« Pareille donation, quoique faite au pro-
» fit seulement des époux ou de l'un deux,
» *sera toujours, dans ledit cas de survie
» du donateur, présumée faite au profit
» des enfans nés et à naître du mariage.* »

Ibid.

« La donation faite en la forme prescrite
» au précédent article, sera irrévocable, *en
» ce sens seulement* que le donateur ne
» pourra plus disposer, *à titre gratuit,*
» des objets compris dans la donation, *si
» ce n'est pour somme modique, à titre
» de récompense, ou autrement.* » Ibid,
art. 372.

« Les donations faites à l'un des deux
» époux, dans les termes des articles 371,
» (les institutions contractuelles) 373 et 374,
» (les donations des biens présens et à venir,
» et autres qui se reportent au décès du dona-
» teur), deviendront caduques, si le do-

» nateur survit à l'époux donataire, *et à sa*
» *postérité.* » Ibid , art. 378.

Le nouveau code ne déroge à notre ancien droit qu'en un seul point. Les renonciations des femelles au profit des mâles, moyennant une dot reçue, proscrites expressément; c'est sans doute à ces conventions, tendantes à dépouiller l'épouse que la loi a pour objet de favoriser, que se rapporte la généralité de l'article 370 , cité ci-dessus.

(4) La faveur du contrat de mariage déroge aux règles les plus constantes des donations entre-vifs et testamentaires, même dans les dispositions de collatéraux et d'étrangers; à plus forte raison laisse-t-elle aux futurs époux la liberté la plus indéfinie dans les avantages qu'ils se font l'un à l'autre.

« Le mariage, dit l'orateur du gouver-
» nement , est un traité dans lequel les mi-
» neurs assistés de leurs parens, ou les
» majeurs, doivent être libres de stipuler
» leurs droits , et de régler les avantages
» qu'ils se veulent faire. Les sentimens ré-
» ciproques sont alors dans toute leur éner-
» gie ; et l'un n'a point encore pris sur l'autre
» cet empire que donne l'autorité maritale ,

» ou qui est le résultat de la vie commune.
» La faveur du mariage exige que les époux
» aient, au moment où ils forment leurs
» liens, la liberté de se faire réciproque-
» ment, ou l'un des deux à l'autre, les do-
» nations qu'ils jugeront à propos. »
*Discours du conseiller d'état Bigot-
Préameneu.*

Cette liberté ne recevoit aucune restric-
tion dans notre ancien droit.

Le principe est admis par le nouveau
code; non sans quelques modifications.

« Les époux pourront, par contrat de
» mariage, se faire réciproquement, ou l'un
» des deux à l'autre, telle donation qu'ils
» jugeront à propos, *sous les modifica-
» tions ci-après exprimées.* » Code civil,
ibid, chap. VIII, art. 380.

1°. Les donations faites par contrat de
mariage, participant de la nature des donations entre-vifs et testamentaires, supposent,
comme donations à cause de mort, la survie
du donateur. Il n'en est pas ainsi, suivant le
nouveau code, des donations *de biens présens,* faites par les conjoints l'un à l'autre;
leur effet est irrévocable de l'instant du contrat; elles n'admettent la condition de sur-

vie, qu'autant *que cette condition γ est formellement exprimée*. Ibid, art. 381.

2°. Les donations par contrat de mariage, *de biens à venir, ou de biens présens et à venir*, faites par des tiers aux futurs conjoints, sont censées faites aux enfans à naître du mariage; en sorte que si le donataire vient à décéder avant le donateur, laissant des enfans issus du mariage, le donateur ne rentre pas pour cela en possession des biens donnés.

Il n'en est pas ainsi des donations faites par les conjoints l'un à l'autre, lorsqu'elles portent le caractère de dispositions à cause de mort.

« La donation de biens à venir, ou de
» biens présens et à venir, faite entre époux,
» par contrat de mariage, soit simple, soit
» réciproque, sera soumise aux règles éta-
» blies par le chapitre précédent..... *sauf*
» *qu'elle ne sera pas transmissible aux*
» *enfans issus du mariage, en cas de dé-*
» *cès de l'époux donataire avant l'époux*
» *donateur.* » Ibid, art. 388.

Ainsi la donation par contrat de mariage, qui, faite par un tiers, perd son caractère de donation à cause de mort, pour former un droit acquis aux époux, ou à l'époux donataire, transmissible à ses enfans, le reprend en faveur de l'époux donataire, et ne forme plus qu'un legs devenu caduc par le prédécès du légataire.

3°. Le droit des époux de se faire, par contrat de mariage, toute espèce de libéralités n'étoit limité, dans notre ancien droit, ni par la distinction des propres et des meubles et acquêts, ni par la légitime des enfans issus du mariage; il remontoit à un titre antérieur à leur existence, et, participant de la nature des donations entre-vifs et testamentaires, formoit un droit à l'époux donataire qui avoit tiré, de l'instant même du contrat de mariage, les biens donnés de la possession de l'époux donateur, pour les transmettre à l'époux donataire.

Il n'en est pas ainsi dans nos nouvelles lois.

« L'époux pourra, soit par contrat de
» mariage, soit pendant le mariage (nous
» en parlerons dans un instant), disposer
» en faveur de l'autre époux, en propriété,
» de tout ce dont il pourroit disposer en
» faveur d'un étranger; (ainsi la réserve
» établie, en faveur des ascendans, subsiste
» en son entier), et, en outre, de l'usufruit

» de la totalité de la portion dont la loi
» probibe la disposition au préjudice des
» héritiers.....

» Et *pour le cas où l'époux donateur*
» *laisseroit des enfans ou des descen-*
» *dans,* il pourra donner à l'autre époux
» *un quart en propriété,* et un autre quart
» en usufruit, *ou la moitié de tous ses*
» *biens ou usufruit.* » Ibid, art. 383.

4°. Dans notre ancien droit le mineur con-
tractant mariage, du consentement de ses
père et mère, tuteurs et curateurs, avec l'assistance de sa famille, ne pouvoit faire
d'autre avantages à son futur conjoint, que
ce qu'on appeloit les *conventions ordinaires*
du mariage; c'est-à-dire, en pays coutumier, la stipulation ou exclusion de communauté, la constitution de dot, la stipulation de propres, le douaire, le préciput, etc. etc.; en pays de droit écrit, la constitution de dot, l'augment, les bagues et
joyaux, le paraphernal, etc.

Par le nouveau code:

« Le mineur ne pourra, par contrat de
» mariage, donner à l'autre époux, soit par
» douation simple, soit par donation réci-
» proque, qu'avec le consentement et l'as-

» sistance de ceux dont le consentement est
» requis pour la validité de son mariage ; *et*
» *avec ce consentement il pourra donner*
» *tout ce que la loi permet à l'époux*
» *majeur de donner à l'autre conjoint.* »
Code civil, *ibid,* art. 385.

5°. Nous avons exposé les distinctions du droit romain, et la bigarrure de nos coutumes relatives aux libéralités que les conjoints sont naturellement portés à se faire l'un à l'autre pendant le mariage.

Par le droit romain toutes dispositions entre-vifs étoient proscrites, ou, pour parler plus juste, réduites à la révocabilité des dispositions à cause de mort : *Ne concordia pretio conciliari videretur.* « De » peur que la concorde entre les époux ne » parût l'effet d'une honteuse vénalité. » *Ne melior in paupertatem incideret, déterior ditior fieret.* L. 2. §. 3. dig. *de don. inter vir. et uxor.* « De peur que le meilleur » ne tombât dans la pauvreté, tandis que le » pire s'enrichiroit. »

Dans un ordre de choses dans lequel la nécessité de l'autorisation du mari pour valider les contrats faits par son épouse, n'étoit pas connue, (car ce fut toujours l'intérêt

des épouses qui donna occasion à cette loi)
dans lequel tous les biens de la femme se
distribuoient en deux parts, le dotal que le
mari ne pouvoit aliéner sans le consentement de son épouse; hypothéquer, même
du consentement de son épouse; et le paraphernal, dont elle disposoit à sa volonté,
des donations essentiellement révocables
par le donateur, présentoient moins d'inconvéniens.

Aussi les provinces régies, parmi nous,
par ce qu'on appeloit le droit écrit, et quelques-unes de nos coutumes, avoient-elles
admis cette distinction.

D'autres, et c'étoit le droit commun de
notre pays coutumier, celui de la capitale,
s'attachant au principe de la loi romaine,
pour étendre la prohibition, interdisoient
aux conjoints par mariage tous *avantages
directs ou indirects* au profit l'un de l'autre
constant icelui (mariage). *Coutume de
Paris, art.* 282.

N'admettant que deux exceptions à cette
règle, celle, à défaut d'enfans, *du don
mutuel,* en usufruit seulement, des meubles
et conquêts de leur communauté, comme
provenus de leur collaboration réciproque;

Ibid, art. 280 ; regardé plutôt comme un contrat aléatoire, que comme un don : « Et » n'est réputé tel accord avantage entre » lesdits conjoints. » *Ibid, art.* 281.

L'autre des père et mère qui, *mariant leurs enfans*, pouvoient convenir que *leursdits enfans laisseroient jouir le survivant de leursdits père et mère* « des meu- » bles et conquêts immeubles du prédécédé ; » *pourvu* (ajoute la coutume) *qu'ils ne se* » *remarient.* » Ibid, art. 281.

De cet excès de sévérité, nos législateurs intermédiaires avoient passé à l'excès opposé. Dans le temps que pour maintenir leur prétendue égalité numérique, ils proscrivoient les testamens, et assimiloient le saint nœud du mariage au plus versatile des engagemens, ils autorisoient tout ce que dans l'effervescence de la passion, l'ardeur impatiente de l'un le portoit à donner à l'autre ; tout ce que la violence ou la ruse pouvoient obtenir.

Dans ce conflit de nos lois anciennes et nouvelles, les auteurs du nouveau code se sont attachés à la loi romaine ; ils ont pensé qu'en réduisant le droit des conjoints par mariage de disposer au profit l'un de l'autre

à la moitié de la portion disponible en propriété, et à l'usufruit de l'autre moitié, s'ils
n'avoient pas d'enfans ; au quart en propriété, l'autre quart en usufruit, s'ils avoient
des enfans ; conservant ainsi une grande
partie de la réserve établie par la loi en
faveur de la ligne directe ascendante et descendante, la seule révocabilité des donations
entre-vifs des conjoints, sans autorisation
nécessaire de la femme, ni par son mari, ni
par justice, suffiroit pour prévenir les dangers prévus par la loi romaine.

« Toutes donations faites entre époux
» pendant le mariage, quoique qualifiées
» entre-vifs, seront toujours révocables.

» *La révocation pourra être faite par la*
» *femme, sans y être autorisée par le*
» *mari ni par justice.*

» Ces donations ne seront point révo-
» quées par survenance d'enfans. » *Code
civil*, ibid, *art.* 385.

De telles lois rendoient inutiles le don
mutuel permis par l'article 280 de notre
coutume, comme une exception à la prohibition aux conjoints de s'avantager pendant
le mariage.

« Les époux ne pourront, pendant le

» mariage, se faire, ni par acte entre-vifs,
» ni par testament, aucune donation mu-
» tuelle et réciproque par un seul et même
» acte. » *Ibid, art.* 386.

Ce qui n'exclut pas les conditions imposées par les père et mère mariant leurs enfans,
de laisser jouir le survivant, non-seulement
des meubles et conquêts immeubles de leur
communauté, comme le porte l'art. 281 de
notre coutume, mais de toute la portion
fixée par la loi.

6°. « On a maintenu cette sage disposi-
» tion, que l'on doit encore moins attri-
» buer à la défaveur des seconds mariages,
» qu'à l'obligation où sont les pères et mères
» qui ont des enfans de ne pas manquer à
» leur égard, lorsqu'ils forment de nouveaux
» liens, aux devoirs de la paternité. Il a été
» réglé que, dans ce cas, les donations au
» profit du nouvel époux, ne pourront
» excéder une part d'enfant le moins pre-
» nant, et que, *dans aucun cas,* ces dona-
» tions ne pourront excéder le quart des
» biens.

» Il n'a pas été jugé nécessaire de porter
» plus loin ces précautions. » *Discours du
conseiller d'état Bigot-Préameneu.*

C'est ainsi que l'orateur du gouvernement s'explique sur nos lois anciennes, prohibitives des avantages inconsidérés, que de nouveaux feux pourroient engager des époux convolans à un second hymen à se faire l'un à l'autre, aux dépens de leurs enfans du premier lit.

DROIT ANCIEN.

Quelque saint que soit le nœud du mariage, les plus sages législateurs ont cru devoir mettre des bornes à ces libéralités. Les lois 3 et 6, *C. de secundis nuptiis*, contiennent sur ce point les mêmes dispositions que l'édit de François II, du mois de juillet 1560, et l'article 279 de notre coutume.

L'une et l'autre loi ne semblent faire tomber la prohibition que sur les femmes ; mais l'édit ajoute dans l'article II : *Le semblable voulons être gardé ès biens qui sont venus au mari des dons et libéralités de leurs défuntes femmes.....* Quoique cette disposition ne se trouve que dans le second article de l'édit, qu'on nomme le *second chef*, la jurisprudence l'avoit étendue à l'un et à l'autre. L'édit des secondes noces et l'art. 279 de notre coutume s'expliquoient réciproquement ; c'est pourquoi en rapportant le texte de la coutume, nous rapprocherons les dispositions de l'édit qui y étoient relatives.

I.

Quotité dont les maris et femmes, convolans à de secondes noces, pouvoient s'avantager de leurs biens personnels, par contrat de mariage, ou autrement.

Femme convolant en secondes ou autres noces, ayant enfans, ne peut avantager son second, ou autre subséquent mari, *de ses propres et acquêts,* plus que l'un de ses enfans..... *Art.* 279.

N. B. L'édit de 1560 ajoutoit : « Ne peuvent et ne » pourront, en quelque façon que ce soit, donner » de leurs biens, *meubles, acquêts ou acquis par* » *elles d'ailleurs que leur premier mari,* ni moins » de leurs propres, à leurs nouveaux maris, *père,* » *mère ou enfans desdits maris, ou autres personnes* » *qui puissent être, par dol ou fraude, interposées,* » plus qu'à l'un de leurs enfans, ou enfans de leurs » enfans ; *et s'il se trouve division inégale de leurs* » *biens, faite entre leurs enfans, ou enfans de leurs*

» *enfans, les donations par elles faites à leurs*
» *nouveaux maris, seront réduites et mesurées, à*
» *raison de celui des enfans qui aura le moins.* »
Premier chef de l'édit.

II.

Interdiction de tous avantages sur les biens provenus des libéralités du conjoint décédé, ou de la collaboration réciproque des conjoints du premier mariage. *Second chef de l'édit.*

Et quant aux conquêts faits avec ses précédens maris, n'en peut disposer aucunement au préjudice des portions dont les enfans des premiers mariages pourroient amender de leur mère...... *Ibid.*

N. B. « *Et au regard des biens, à icelles acquis*
» *par dons et libéralités de leurs défunts maris,*
» *icelles n'en peuvent et n'en pourront faire part à*
» *leurs nouveaux maris ; ains elles seront tenues les*
» *réserver aux enfans communs d'entre elles et*
» *leur maris, de la libéralité desquels iceux biens*
» *leurs seront avenus : le semblable voulons être*
» *gardé ès biens qui sont venus aux maris de la*
» *libéralité de leurs défuntes femmes ;* tellement
» qu'ils n'en pourront faire don à leurs secondes
» femmes ; mais seront tenus de les réserver aux

» enfans qu'ils ont eu de leurs premières...... *Édit de* 156o.

Notre coutume ajoutoit, *n'en pourront disposer aucunement,* ce qui interdisoit même les dispositions à titre onéreux.

La veuve qui se remarioit à une personne indigne de son état, étoit mise dans l'interdiction absolue de disposer de ses biens :
« Et d'autant que plusieurs femmes veuves,
» même ayant enfans d'autres mariages, se
» remarient follement à personnes indignes
» de leurs qualités, et qui pis est, les au
» cunes à leurs valets, nous avons déclaré
» et déclarons tous dons et avantages qui,
» par lesdites veuves ayant enfans de leur
» premier mariage, seront faits à telles
» personnes, sous couleur de donation,
» vendition, association à leur commu
» nauté, ou autre quelconque, nuls et de
» nul effet et valeur; *et icelles femmes,*
» *lors de la convention de tels mariages,*
» *avons mis et mettons en interdiction de*
» *leurs biens, leur défendant de les*
» *vendre ou autrement aliéner, en quel*
» *que sorte que ce soit, et à toutes per*
» *sonnes d'en acheter, ou faire avec elles*
» *autres contrats, par lesquels tels biens*

» *puissent être diminués ; déclarons les-*
» *dits contrats nuls et de nul effet et*
» *valeur.* » Ordonnance de Blois, de 1579,
art. 182.

III.

Ces prohibitions ne préjudicioient
pas aux droits des enfans des deux lits,
dans la succession du conjoint qui avoit
convolé à de secondes noces.

Et néanmoins succèdent les enfans des
mariages précédens, *également venans à
la succession de leur mère, comme aussi
les enfans des précédens lits, pour leurs
parts et portions , aux conquéts faits pendant les subséquens mariages.* Ibid.

IV.

Les conjoints rentroient dans leurs
droits , en cas de prédécès des enfans
du premier lit.

Toutefois, si ledit mariage est dissolu, ou
que les enfans du précédent mariage dé-
cèdent, *elle en peut disposer comme de sa
chose.* Ibid.

N. B. Si les enfans décédoient pendant le second mariage, la liberté de disposer n'étoit rendue au conjoint remarié, qu'en faveur des étrangers ; car le conjoint avec lequel le survivant du premier mariage avoit convolé, se trouvoit, dans notre coutume, sous la prohibition de tous avantages entre conjoints, portée par l'article 282.

DROIT NOUVEAU.

Le nouveau code ne renferme qu'une seule disposition relative aux secondes noces ; elle est conforme à l'édit des *Secondes noces*, et à l'article 279 de notre coutume, quant au premier chef ; elle en diffère quant au second, par la sorte d'abonnement qu'elle renferme, qui tient lieu de l'interdiction de disposer *aucunement* des biens que le conjoint survivant a obtenus de la libéralité de son premier époux.

« L'homme ou la femme qui, ayant des
» enfans, contractera un second ou subsé-
» quent mariage, ne pourra donner à son
» nouvel époux qu'une part d'enfant légi-
» time, *le moins prenant.*

» Et sans qu'en aucun cas, ces donations
» puissent excéder le quart des biens. »

Code civil, ibid, art. 387.

Disposition commune à toutes les prohibitions de la loi.

« Les époux ne pourront se donner *indirectement* au delà de ce qui leur est permis par les dispositions ci-dessus.

» Toute donation déguisée, *ou faite à personne interposée sera nulle.* » *Ibid*, art. 388.

« Seront réputées faites à personnes interposées, les donations *aux enfans, ou à l'un des enfans de l'autre époux, issus d'un autre mariage,* (art. 276 de notre coutume), et celles faites par le donateur aux parens dont l'époux sera héritier présomptif au jour de la donation ; encore que ce dernier n'ait point survécu à son parent donataire. » *Code civil, ibid,* art. 389.

Résumé général du titre des Donations et Testamens.

Après avoir jeté un coup d'œil rapide sur la vaste étendue du terrain que j'avois à parcourir, j'ai cru nécessaire de tracer une esquisse des lois par lesquelles la France

avoit été régie, jusqu'à l'époque de notre
révolution.

Définition des donations entre-vifs et testamentaires ; exposé sommaire des carac-
tères qui les distinguent. Quels biens on
pouvoit donner dans notre ancien droit ?
Qui pouvoit donner, et qui étoit capable de
recevoir ? Tels sont les trois points de vue
qui m'ont occupé.

Ces vues générales m'ont conduit à une
incapacité de donner et de recevoir qui
semble contredire le vœu de la nature, et
prend néanmoins sa source dans les lois
romaines ; plus rigoureusement prononcée,
dans notre ancien droit, par un grand nombre de nos coutumes ; c'est celle des conjoints
par mariage, de disposer au profit l'un de
l'autre par donation ou dispositions entre-
vifs et testamentaires ; ce qui m'a engagé
dans une courte digression sur les deux
exceptions que la coutume de Paris admettoit à la prohibition des avantages entre
conjoints ; le don mutuel à défaut de postérité, et la convention des deux époux mariant leurs enfans, qu'ils laisseroient jouir le
survivant de tous les meubles et conquêts de
leur communauté.

Passant aux testamens, j'ai cru qu'il ne seroit pas sans intérêt d'en tracer l'histoire, depuis la loi des douze tables qui rendoit le père de famille législateur absolu dans sa famille, jusqu'au règne d'Auguste, sous lequel aux trois ordres de substitutions, connues long-temps auparavant, se joignit la substitution fidéi-commissaire, qui entoit un nouvel ordre de successions, par la volonté de l'homme, sur celui que la loi avoit établi; celle des détractions autorisées par les lois de Justinien; enfin l'exposé des modifications que les ordonnances de nos rois, jusqu'à celles de 1735 et de 1747, avoient apporté à ce despotisme domestique.

Suivent les deux espèces d'exhérédation pénale et officieuse, pour parler le langage des lois, ayant pour objet de conserver les biens dans la descendance du testateur, la prétérition, la querelle d'inofficiosité, la légitime, la quarte falcidie, la quarte trébellianique, labyrinthe tel que les jurisconsultes romains, reconnoissant eux-mêmes qu'ils n'avoient pas de fil assez sûr pour nous guider dans son obscurité, avoient établi en principe ce paradoxe honteux, et néanmoins trop véritable, que « toute défi-

» nition (en droit civil) est dangereuse ;
» tant les lois générales renferment d'ex-
» ceptions ! » *Omnis definitio in jure civili
periculosa ; parum est enim ut non subverti
possit. L. 202, dig. de Reg. jur.*

Passant à notre droit coutumier, j'ai tracé
la ligne de séparation de nos testamens ou
codicilles, de ceux du droit romain ; non-
seulement quant à la forme des actes, mais
quant à leur substance ; et montré comment,
dans le silence de la loi municipale, le droit
romain devenoit la loi générale des provinces régies par nos coutumes, notamment
par celle de Paris, dont j'ai transcrit et ana-
lysé les dispositions.

Tel est le champ couvert d'épines que
nos modernes législateurs se sont proposé
de défricher.

Pour y parvenir, ils distribuent leur sujet
en trois parties ; les règles communes aux
donations entre-vifs et testamentaires ; les
règles particulières à chacune de ces dispositions ; les points de réunion des deux objets, dans la faculté que le nouveau code
donne aux père et mère, de grever de restitution un ou plusieurs de leurs enfans, au
profit de la totalité de leurs petits-enfans

issus du grevé ; dans la même faculté accordée aux frères et sœurs au profit de leurs neveux et nièces ; dans les partages faits par les ascendans entre leurs descendans ; dans les donations par contrat de mariage , qui participent de la nature des donations entre-vifs et des dispositions à cause de mort ; dans les donations entre époux , soit par contrat de mariage , soit pendant le mariage ; dans les restrictions auxquelles sont assujétis les convolans à de secondes noces.

Après quelques définitions , j'ai suivi cet ordre avec exactitude , à l'exception toutefois du premier objet de la troisième partie , *la charge de restitution* , sur laquelle j'ai pensé qu'il étoit nécessaire d'anticiper pour la réunir à la prohibition des substitutions fidéi-commissaires , qui est une des bases du nouveau code , et en faire connoître la différence et la ressemblance.

Parmi les objets communs aux donations et aux testamens , les incapacités de donner et de recevoir , et la quotité de biens disponibles , tiennent le premier rang ; je les ai parcourues dans toutes leurs branches , tant relativement au droit ancien , qu'aux dispositions du nouveau code.

J'ai pensé qu'il importoit de fixer le plus clairement qu'il me seroit possible, la différence de notre droit ancien au droit nouveau, relativement aux biens disponibles et non disponibles; dont le premier, je parle du droit romain, en ligne directe tant descendante qu'ascendante, même au profit de l'héritier étranger, s'embarrassoit dans les diverses quartes, légitime, falcidie, trébellianique, quelquefois séparées, quelquefois cumulées; en pays coutumier, non-seulement en ligne directe, mais en collatérale même, dans la distinction de l'origine des biens, meubles, acquêts, conquêts, propres, et tout l'attirail de la diversité de nos coutumes en cette partie; le second, je veux dire nos lois nouvelles, simplifient tout par la division de la fortune entière du défunt en deux lignes, l'une paternelle, l'autre maternelle, et la distinction des biens disponibles et des biens réservés à la ligne directe seulement, soit descendante, soit ascendante; car en collatérale la liberté absolue reprend tout son empire.

Cette distinction me conduisoit à la réduction des donations entre-vifs et des legs, comme excédant la portion disponible, ou,

pour parler le langage de notre ancien droit,
l'hypothèque subsidiaire de la légitime des
enfans sur les biens donnés entre-vifs ; je
l'ai traitée en rapprochant les dispositions
de l'ordonnance de 1731 de celles du nouveau code, et les développant l'une par
l'autre, et par les principes généraux.

Tel est le résumé sommaire des matières
relatives à cette première partie de la loi
nouvelle.

Si du genre nous passons aux espèces,
l'authenticité des donations entre-vifs, l'acceptation du donataire, essentielle à la for-
mation du contrat, la tradition actuelle,
soit avec ou sans réserve d'usufruit, la nécessité, pour l'intérêt des tiers, que la donation soit consignée en des registres publics,
qui ne reçoit de modifications que de la
seule faveur du contrat de mariage ; trois
exceptions à l'irrévocabilité des donations
entre-vifs, dérivant de la nature même du
contrat, pour cause d'inexécution des conditions apposées par le donateur à sa libéralité, pour l'ingratitude du donataire, pour
survenance d'enfans au donateur, qui n'en
avoit pas à l'époque de la donation, par une
présomption légale puisée dans l'affection

paternelle; deux formes de testamens admises, parmi nous, dans les pays de droit écrit, le *testament nuncupatif écrit*, et le *testament mystique* ou secret, dont j'ai tracé l'histoire d'après le texte des Instituts; deux dans le pays coutumier, le *testament ou codicille*, par acte authentique, (car ces deux mots sont ici synonymes; j'en ai fait connoître ailleurs la différence) et le *testament olographe*; les exceptions à la rigueur des formalités prescrites par la loi en faveur des militaires en expédition, des navigateurs dispersés sur le vague des mers, respectables aux dieux immortels eux-mêmes, pour parler le langage d'Homère; de ces infortunés que le plus terrible des fléaux qui assiègent l'humanité, la peste, sépare de la société; les formes essentielles à l'ouverture, à la description et au dépôt des testamens olographe et mystique.

Telle est, quant à la forme extérieure, la matière que j'ai parcourue, rapprochant sans cesse les dispositions du droit romain, de celles de la coutume de Paris, des ordonnances de 1731 et de 1735, et du nouveau code.

Si vous passez à la substance des actes,

les lois qui limitent la faculté de disposer entre-vifs ont été suffisamment développées dans la première partie de ce titre, et le seront encore dans la troisième : celles qui concernent les dispositions testamentaires exigent plus de détail.

Ici se rapportent les distinctions de l'institution d'héritier nécessaire, dans le droit romain, pour la validité du testament, transformée par nos coutumes en legs universel, la saisine légale de l'héritier institué, dans le droit romain, du seul héritier légitime dans notre droit coutumier, de l'un ou de l'autre, dans le nouveau code, suivant que les biens de la succession étoient entièrement ou partiellement disponibles, et toutes les différences, tant pour l'actif que pour le passif de la succession, entre les legs universels, les legs à titre universel, et les legs particuliers.

Viennent ensuite quelques exemples relatifs à l'interprétation des dernières volontés des testateurs, dont je me suis efforcé de poser les principes les plus généraux, sans entrer en de minutieux détails, sources de contradictions trop fréquentes dans les lois romaines elles-mêmes ; j'en ai développé la raison d'après les *Lois civiles* de Domat. Aussi le nouveau code suit-il tantôt, et tantôt s'écarte-t-il de leurs décisions dans les six exemples qu'il nous présente.

La volonté du testateur doit recevoir également son exécution, soit qu'il dispose, soit qu'il révoque ; ce qu'il peut faire de deux manières ; ou expressément, par un acte authentique, ou tacitement, en adirant son testament ou le legs qui y est contenu, en aliénant, hypothéquant, donnant entre-vifs à un autre la chose léguée. La disposition devient *caduque*, si la condition sous laquelle elle a été faite n'arrive pas, si l'héritier ou le légataire refusent d'en profiter, s'ils s'en sont rendus indignes, s'ils prédécèdent le testateur ; j'ai rapproché sur tous ces points les dispositions des lois romaines, de celles du nouveau code ; j'en ai indiqué les ressemblances et les différences ; ce qui m'a engagé dans l'exposition des règles concernant les conditions résolutoires, suspensives, facultatives.

Restoit à dire un mot des exécuteurs testamentaires. J'en ai fait connoître l'origine dans la loi 28, §. I. *de episcopis ;* j'en ai développé les droits et les obligations en comparant les dispositions du nouveau code à celle de l'art. 297 de la coutume de Paris.

Ainsi est terminée la partie du nouveau code qui regarde spécialement les dispositions à cause de mort; mais non toute la matière de ce titre. Restoient d'autres objets communs aux deux formes de dispositions; la charge de restitution substituée par le nouveau code aux anciens fidéicommis, sur lesquels je n'ai pas cru devoir revenir; les partages faits par les père et mère et autres ascendans entre leurs descendans, la faveur des contrats de mariage et leurs priviléges, les donations entre mari et femme, soit par contrat de mariage, soit pendant le mariage, les secondes noces. J'ai suivi dans cette partie l'ordre que je m'étois prescrit dans les deux autres, en rapprochant sans cesse les dispositions du droit ancien de celles du nouveau code.

FIN DU TITRE DES DONATIONS ENTRE-VIFS
ET TESTAMENTAIRES.

TABLE

DU TITRE

DES DONATIONS ET TESTAMENS.

§. III.

~~~~~

SUITE DES DONATIONS ENTRE-VIFS ET DES TESTAMENS.
~~~~~

FIN DE LA TABLE DU TITRE DES DONATIONS ET
TESTAMENS.

ERRATA

DU TITRE DES SUCCESSIONS.

(IVme Livraison.)

Page 6, *avant-dernière ligne*, *Dominum*, lisez *Dominium.*

Page 17, *ligne* 14, un patron périt, *lisez*, un affranchi.

Page 24, *ligne dernière*, ne te soit enlevée, *lisez* te soit enlevée.

Page 43, *ligne* 4, *lege XII tab.*, lisez, *lex XII tab.*

Page 49, *ligne* 12, colloboration, *lisez* collaboration.

Page 58, *ligne* 15, Fouchères, *lisez* Souchères.

Page 67, *ligne* 4, *fuisset accipere*, lisez, *quantam eorum parens, si viveret, habuisset.*

Page 104, *ligne* 8, *necessarii viro*, lisez *verò.*

Page 125, *ligne* 5, addition, *lisez* adition.

Page 127, *ligne* 19, addition, *lisez* adition.

Page 131, *ligne* 20, *accipere*, lisez *accepisse.*

Page 179, *ligne* 23, *rerum Italicarum et cum.....* lisez, *Loi* 35, *in pr.* §. I. Ponctuez ainsi : *rerum Italicarum : et cum merces ex Italiá devehere soleret*, etc.

Page 201, *ligne* 9, *judicio facto*, lisez *judicio, factis divisionibus.*

ANALYSE RAISONNÉE

DU

DROIT FRANÇAIS.

TITRE XXVI.

DE LA POSSESSION-MÈRE DE TOUTES LES PRESCRIPTIONS,

Correspondant au titre VII du livre III des lois civiles de Domat.

Aprés avoir considéré la propriété comme transmise, dans la génération présente, par les contrats ; de la génération présente à la génération future, par les successions et les donations entre-vifs et testamentaires, il reste à faire connoître comment elle se conserve, s'acquierre, s'anéantit par la possession, non-seulement sans titre ; mais contre le titre même.

Successions.— Donations, etc. 13

I.

Règles générales communes à notre droit ancien et nouveau.

(1) Posséder, c'est détenir une chose pour soi-même, comme propriétaire, ou se croyant tel, *être comme assis sur elle*, pour en recueillir tous les avantages ; c'est l'étymologie que les jurisconsultes romains donnent à ce nom *possession*, conforme à la dénomination grecque, *détention, autorité*.

Possessio appellata est (ut Labeo aît) a SEDIBUS*, quasi positio ; quia naturaliter tenetur ab eo qui insistit, quam graeci* κατοχην*, dicunt.*

L. 1. Dig. *de acq. vel amittenda poss.*

« La possession est la *détention* ou la
» jouissance d'une chose ou d'un droit que
» nous *tenons*, ou que nous exerçons par
» nous - mêmes, ou pour un autre qui la
» tienne de nous. »

Code civil, art. 2228.

(2) « Pour prescrire, (et tirer tous les
» avantages de la possession) il faut une
» détention continue...., paisible, publique,

» non équivoque , à titre de propriétaire. »

Ibid , art. 2229.

C'est ce que le paragraphe 4, inst. *de interdictis , exprime par ces trois mots : nec vi , nec clam , nec precario.*

« Que la possession ne soit *entachée ni » de violence, ni de clandestinité ;* qu'elle » ne soit point *précaire.* »

« Les actes de violence ne peuvent fon- » der une possession capable d'opérer la » prescription.

» Elle ne commence que lorsque la vio- » lence a cessé. »

Code civil , art. 2232.

La possession clandestine n'étant pas susceptible de contradiction de la part du propriétaire, ne peut élever de fin de non-recevoir contre sa réclamation.

« Celui , disent les lois romaines , qui a » obtenu d'un autre, à titre de concession » volontaire, de demeurer dans son héri- » tage , ne possède pas *en son nom ;* la » possession demeure à celui qui lui a con- » cédé cette jouissance. »

Is qui precavit ut in fundo moreretur , non possidet ; sed possessio apud eum qui concessit remanet. L. 6, §. 2. *De prec.*

C'est par cette raison que « les actes *de*
» *pure faculté*, *de simple tolérance*, ne
» peuvent fonder ni possession, ni pres-
» cription. » *Code civil*, art. 2232.

Conséquences de ces principes.

« Ceux qui possèdent pour autrui ne
» prescrivent jamais, par quelque temps
» que ce soit..... »

Code civil, art. 2236.

Nos coutumes disoient *même par cent
ans et plus* ; la plus longue des prescription, qui avoit, dans notre ancien droit,
plus d'autorité que le titre même ; car elle
repoussoit tous les défauts de forme qu'on
auroit pu opposer au titre ; ce que les jurisconsultes exprimoient par cet axiôme : *Me-
lius est non habere titulum, quam habere
vitiosum ;* « il vaut mieux n'avoir point de
» titre que d'en avoir un vicieux. »

Le vice du titre passe aux héritiers du
possesseur ; car ils sont *successores in omne
jus et causam defuncti ;* « les successeurs
» dans tout le droit et la cause du défunt. »

Code civil, art. 2237.

Il ne passe pas aux *ayant-cause à titre
particulier*, tels que les tiers acquéreurs,

les légataires, les donataires à titre particulier ; car ils sont censés l'avoir ignoré.

Ibid, art. 2238.

C'est où s'applique la distinction du possesseur sans titre, et du possesseur de bonne
foi, *qui à non domino quem dominum esse
credebat, bonâ fide rem emerit vel ex donatione aliâ ve quavis justâ causâ acce-
perit;* Inst. *de usu cap. in pr.* « qui a acheté,
» qui a accepté le don qui lui a été fait par
» celui qu'il croyoit propriétaire, quoiqu'il
» ne le fût pas. » Non-seulement un tel possesseur prescrit, mais il acquiert la propriété par une possession moins longue que
celle exigée du possesseur sans titre.

Le fermier, le locataire, le dépositaire,
l'usufruitier, peuvent devenir capables de
prescrire, s'il y a eu interversion dans leur
titre, *soit par le titre d'un tiers,* qui, se
prétendant propriétaire, leur a donné ou
vendu la chose dont ils n'avoient eu jusqu'a-
lors qu'une possession précaire, soit par la
contradiction du titre qui leur étoit opposé ;
car, de ce moment, ils ont commencé à
jouir « comme propriétaires, » *animo do-
mini.* Ibid, *art.* 2238.

(3) Les deux extrêmes de la possession

actuelle, et de l'époque à laquelle elle a commencé, font présumer qu'elle a été la même dans le temps intermédiaire, *sauf la preuve contraire.*

Laissons aux lois de l'église, qui sondent les consciences, à punir celui qui, ayant commencé à posséder de bonne foi, a été instruit postérieurement que celui qui lui a transmis la possession n'étoit pas le véritable propriétaire. « La loi civile deviendroit pu-
» rement arbitraire et incohérente, si, après
» avoir posé des règles fondamentales, elle
» les détruisoit par des exceptions contra-
» dictoires avec ces mêmes principes. »

> *Discours du conseiller d'état* Bigot-Préameneu.

« Le possesseur actuel, qui prouve avoir
» possédé anciennement, est donc présumé
» avoir possédé (avec une égale bonne foi)
» dans le temps intermédiaire, sauf la preuve
» contraire. »

> *Code civil,* art 2230, 2231, 2234.

(4) Toutes les règles posées par nos lois anciennes et nouvelles sont renfermées dans cet axiôme de droit, que *personne ne prescrit contre son titre.*

Quoi donc, dira-t-on, celui qui prescrit

sa libération de l'obligation qu'il a souscrite, ne prescrit-il pas contre le titre émané de lui-même ? — Sans doute ; mais ce titre n'est pas le sien ; mais celui du créancier, qui est censé, par son silence, pendant toute la durée nécessaire pour prescrire, l'avoir abandonné, s'il n'a pas été éteint par un paiement dont le débiteur, après un si long intervalle, n'est plus en etat de représenter la preuve.

Et cependant, pour lever toute équivoque, le nouveau code renferme à cet égard deux dispositions :

« On ne prescrit pas contre son titre, en
» ce sens qu'on ne peut changer soi-même
» la cause de la possession. »

Code civil, art. 2240.

Illud a veteribus praeceptum est neminem sibi ipsum causam possessionis mutare posse.

L. 3, §. 19. *De acq. et amitt. poss.*

« Les anciens ont établi que personne ne
» pouvoit changer lui-même la cause de sa
» possession. »

« On prescrit contre son titre, en ce sens
» que l'on prescrit la libération de l'obliga-

» tion qu'on a contractée. » *Code civil,*
art. 2241.

(5) « Pour compléter la prescription ; on
» peut joindre à sa possession celle de son
» auteur, de quelque manière qu'on lui ait
» succédé, soit à titre universel, soit à titre
» particulier, lucratif ou onéreux. »

Ibid, art. 2235.

II.

De deux avantages de la possession,
indépendans de la prescription.

(1) La possession vaut titre quant aux
meubles.

Elle ne donne pas seulement au possesseur évincé, par voie de fait, le droit de
demander d'être réintégré provisoirement
jusqu'à la décision du pétitoire, mais d'être
maintenu définitivement dans sa propriété.

C'est en ce sens que l'art. 97 de la coutume
de Paris, conforme en ce point au droit
ancien et moderne, portoit :

« Qu'aucun n'est recevable de soi com-
» plaindre et intenter le cas de *novelleté,*
» pour chose mobiliaire particulière… »

Car il ne peut jamais y avoir, à raison
d'un meuble, une double action, l'une au

possessoire , pour être rétabli provisoirement dans la possession ; ce qu'on appeloit, dans notre ancien droit coutumier , *complainte en cas de saisine et de
novelleté ;* dans le droit romain, *interdictum* UTI POSSIDETIS , ou *recuperandæ possessionis ;* « ordonnance comme vous possé-
» dez, » ou « à l'effet de recouvrer la posses-
» sion ; » l'autre pour être maintenu dans la
propriété.

Ou le possesseur d'un meuble en est le
véritable propriétaire, ou il est un voleur ,
un dépositaire infidele.

Le même article excepte *une universalité
de meubles , comme en succession mobiliaire ;* car cette universalité constitue un
droit incorporel susceptible de la double
action ; l'une qui se décide par la possession
à défaut de titre , ou par *le titre apparent ,*
suivant le principe *la provision est due au
titre ;* l'autre par le titre réel ; l'adjudication
de la propriété.

(2) « A égalité de droits, la cause du pos-
» sesseur est préférable. »

*In pari causa possessor potior haberi
debet.* L. 128. Dig. *de reg. juris.*

III.

Des interdits de l'ancien droit romain ; de la complainte en cas de saisine et de novelleté , et de la simple
saisine de notre droit coutumier.

Nous avons vu , dès les commencemens
de la république romaine , le préteur tem-
pérer par ses ordonnances, d'abord annuelles,
ensuite rédigées en édit perpétuel , la rigueur
de la loi des XII tables.

Celles dont il s'agit ici portoient le nom
« d'inter its, » *interdicta ;* nom impropre ,
comme l'observe le §. 2 , inst. *de interdictis,*
qui ne représentoit qu'une partie de la chose.

*Sunt qui putant proprie interdicta vo-
cari , quæ prohibitoria sunt ; quia inter-
dicere sit denuntiare et prohibere ; restitu-
toria autem et exhibitoria , proprie decreta
vocari , sed tamen obtinuit omnia interdicta nominari quia inter duos dicuntur.*

« Il en est qui pensent qu'on ne doit
» nommer interdits que les ordonnances
» prohibitoires , parce qu'interdire , c'est
» dénoncer et défendre ; que celles qui ont

» pour objet la restitution ou l'exhibition
» d'une chose, doivent s'appeler *décrets ;*
» cependant, la dénomination d'*interdits*
» a prévalu indistinctement, parce que toutes
» ces ordonnances sont rendues entre deux
» plaideurs. »

Elles sont la matière du liv. 43 du digeste.

Arrêtons - nous aux deux interdits *de recuperanda possessione*, « pour le re-» couvrement de la possession; » et *uti* ou *utubi possidetis ;* « ainsi et de la manière » que vous possedez. »

La possession annale pour le mobilier, biennale pour les fonds situés dans l'Italie, fut, jusqu'au règne de Justinien, jugée suffisante pour maintenir le possesseur de bonne foi, non - seulement provisoirement, mais définitivement.

Justinien porta la durée nécessaire pour prescrire jusqu'à dix années entre présens, vingt années entre absens, et l'étendit à tout l'Empire. Nous en parlerons ci - après. La possession annale n'en conserva pas moins toute son autorité pour la maintenue provisoire, qui correspond à notre complainte en cas de saisine et novelleté. En effet, la raison même nous apprend que celui qui a joui d'un immeuble , pendant une année , qui en a perçu les fruits , doit être regardé comme le véritable possesseur.

« Quand le possesseur d'aucun héritage ,
» *ou droit réel réputé immeuble , est trou-*
» blé et empêché en sa possession et jouis-
» sance , il peut et lui loit *complaindre et*
» *intenter poursuite en cas de saisine et de*
» *novelleté , dans l'an et,jour du trouble*
» *à lui fait et donné audit héritage ou*
» *droit réel ,* entre celui qui l'a troublé. »

Coutume de Paris , art. 96.

La coutume dit , *dans l'an et jour du trouble à lui fait et donné.*

S'il laissoit écouler une année entière sans intenter son action , ce ne seroit plus lui qui seroit possesseur , mais celui qui l'auroit dépossédé, si la violation n'étoit telle qu'elle donnât lieu à la vindicte publique.

A l'instar de cette action , nos lois anciennes , qui admettoient une double propriété de l'immeuble donné à rente foncière , celle du preneur pour le domaine utile , celle du créancier pour le domaine direct, admettoient en cette matière une saisine plus restrainte.

« Quand aucun a joui et possédé aucune

» rente, et icelle prise et perçue sur aucun
» héritage, par avant et depuis dix ans, et
» la plus grande partie d'icelui temps ;
» s'il est troublé en la posssssion et jouis-
» sance d'icelle, il peut intenter et pour-
» suivre le cas de *simple saisine person-*
» *nelle ,* contre ceux qui l'ont troublé, et
» requérir être mis en la possession en la-
» quelle il étoit, par avant ladite cessation.

Coutume de Paris, art. 98.

Cette action ne peut plus avoir lieu, la distinction de cette double propriété étant effacée jusque dans ses derniers vestiges, par la réduction du droit du créancier (même d'une rente foncière) à une sim pleaction mobiliaire.

Voyez le supplément au titre *des Choses.*

La complainte en cas de saisine et de no-velleté, et la simple saisine personnelle, furent introduites parmi nous, dans le quatorzième siècle de notre ère, par Simon Dubuc, premier président du parlement de Paris, à l'imitation de ce qui est prescrit par les lois romaines : « Quiconque a em-
» ployé la violence pour enlever à autrui la
» possession d'un immeuble, doit être con-
» traint de déguerpir, si celui qui intente

» l'action est le véritable propriétaire ; *et*
» *quand il ne le seroit pas , le possesseur*
» *troublé devroit être rétabli ,* PAR PROVI-
» SION *, dans sa possession.* »

*Sed ei qui vi aliquem de fundo dejecit
posse fundum condici Sabinus scribit et
ita Celsus ; sed et ita si dominus sit qui
condicat ; caeterum , si non dominus sit
possessionem condicere Celsus aït.*

L. 2. C. de condic. trit.

(*Voyez* Laurière , dans ses notes sur la
coutume de Paris.)

Ce qui résume tous les principes établis
dans ce nombre.

IV.

Des diverses espèces de prescriptions.

Le nouveau code définit la prescription.
« Un moyen d'acquérir ou de se libérer
» par un certain temps , et sous les condi-
» tions déterminées par la loi. »

Code civil , art. 2219.

Sous ce point de vue , la prescription est
plutôt passive qu'active ; c'est une fin de
non-recevoir que le possesseur d'un héritage

a le droit d'opposer à celui qui prétend l'é-
vincer; par laquelle le débiteur repousse
l'action de son créancier, en lui objectant
son propre silence, pendant le temps déterminé par la loi.

« Il importe au bien public qu'après un
» délai suffisant accordé au propriétaire, ou
» au créancier, pour exercer leurs droits,
» la loi fixe, par la prescription, l'incerti-
» tude des propriétés, et qu'elle mette un
» terme aux contestations. »

*Bono publico usucapio introducta est,
ne silicet quarumdam rerum driu et fere
semper incerta dominia essent; cum suf-
ficeret dominis ad inquirendas res suas,
statuti temporis spatium.*

L. 1. Dig. *de usurp. et usucap.*

De ces définitions dérivent toutes les règles
générales communes à notre droit ancien et
nouveau.

Règles générales.

(1) De ce que la prescription est une fin
de non-recevoir, il résulte que le juge ne
peut suppléer ce moyen, s'il a été omis par
la partie; car chacun est le maître de renon-

cer à un droit établi en sa faveur. *Code civil*, *art.* 2223.

Et cependant, le seul silence sur la prescription devant les premiers juges, n'exclut pas celui à qui la prescription est acquise d'opposer cette fin de non-recevoir en cause d'appel, *à moins que la partie ne doive, par les circonstances, être présumée y avoir renoncé.* Ibid, art. 2224.

(2) Il n'est permis à personne de renoncer à un droit acquis au préjudice d'un tiers. Ce que le débiteur n'a pas fait, ses créanciers, tout autre subrogé à ses droits, peuvent le faire ; quand même il y auroit, de la part du débiteur, une renonciation expresse ; elle seroit jugée frauduleuse.

Ibid, art. 2225.

(3) La prescription étant un droit acquis qui consolide la propriété, celui-là seul peut y renoncer, qui peut aliéner.

Ibid, art. 2222.

(4) « La renonciation à la prescription » peut être expresse ou tacite.

» La renonciation tacite résulte d'un fait » qui suppose l'abandon du droit *acquis.* »

Ibid, *art.* 2221.

Mais la prescription étant fondée sur l'intérêt public, on ne peut rendre une chose imprescriptible par convention, en renonçant prématurément à faire usage de ce droit avant qu'il soit acquis. *Ibid,* art. 2320.

Privatorum conventio juri publico non derogat. L. 45, §. 1. *Dig. de reg. jur.*

« La convention des particuliers ne dé- » roge pas au droit public. »

V.

Des choses imprescriptibles, tant dans notre ancien droit que dans le nouveau.

DROIT ANCIEN.

On ne prescrit point contre le titre de sa possession.

Les actes de pure faculté, de simple tolérance, ne donnent pas lieu à la prescription.

Les choses inaliénables sont imprescriptibles.

Trois principes féconds en conséquences dans notre ancien droit.

(1) C'est sur le premier que, dans le régime féodal, d'une part le vassal ne pouvoit prescrire contre son seigneur, *la foi*

Successions.— Donations, etc.   14

et hommage qu'il lui devoit comme reconnoissance du démembrement de la glèbe
féodale que le seigneur étoit censé avoir ori-
ginairement consenti à cette condition ; de
l'autre , « le seigneur féodal ne pouvoit
» prescrire contre son vassal le fief sur lui
» saisi et mis en sa main , par faute d'homme ,
» droits et devoirs non faits , ou dénombre-
» brement non baillé.... *par quelque laps*
» *de temps qu'il eût joui , encore que ce*
» *fût par cent ans et plus.* »

Coutume de Paris , art. 12.

« Toutefois , ajoute le même article ,
» les profits de fiefs échus se prescrivent
» par trente ans , (comme action person-
» nelle) s'il n'y a saisie ou instance pour
» raison d'iceux.... » *Ibid.*

C'est par une conséquence de ce même
principe que le censitaire ne pouvoit prescrire contre son seigneur , (même par défaut de paiement *pendant cent ans et plus*)
l'affranchissement du domaine direct , dont
le cens étoit la représentation.

Ibid , art. 124.

Il n'en étoit pas ainsi de la *quotité du cens,*
constatée par l'ancienne possession , des arrérages échus , du droit même de le percevoir,

de seigneur à seigneur, qui n'étoient pas unis entr'eux par le lien féodal.

Ibid, art. 123.

C'étoit par une conséquence du même principe, que la faculté de rachat des rentes constituées, à prix d'argent, « ne pouvoit » être prescrite par quelque laps de temps » que ce fût; *ains étoient telles rentes ra-* » *chetables à toujours,* ENCORE QU'IL Y EUT » CENT ANS ET PLUS. » *Ibid*, art. 119.

L'intérêt de la libération du débiteur faisant présumer cette condition, dans les contrats, même quand elle y auroit été omise.

Qu'au contraire, la faculté de racheter les rentes foncières (*de bail d'héritage*) *se prescrivoit par trente ans, entre âgés et non privilégiés.* Ibid, *art.* 121.

Règle générale qui ne recevoit d'exception que pour les rentes foncières établies sur maisons assises en la ville et faubourgs de Paris, par une raison de police, pour la décoration et la facilité du commerce des édifices de la capitale. *Ibid*, art. 121 et 122.

(2) Par une conséquence du deuxième principe, le « droit de servitude (sur » un héritage) ne s'acquéroit par longue

» jouissance, quelle qu'elle fût, sans titre,
» *encore que l'on eût joui par cent ans...*»
Ibid, *art.* 186.

J'ai observé, au titre *des Servitudes*, la différence du droit romain et de notre droit coutumier, en cette partie, et le juste tempérament adopté, par le nouveau code, pour les concilier.

« *Mais la liberté* (contre les servitudes)
» *se pouvoit réacquérir par trente ans,*
» *entre âgés et non privilégiés.* »
Ibid.

Dans le régime féodal, les banalités de moulins ou de pressoir, les corvées, tout ce qu'on nommoit *droits extraordinaires de fief*, entachés quelquefois du despotisme des seigneurs, quelquefois la juste indemnité des dépenses qu'ils avoient faites pour la commodité de leurs censitaires, étoient rangés au nombre des servitudes, qui ne pouvoient être acquises par la seule possession, si elle ne remontoit à des titres récognitifs si anciens, qu'ils fissent présumer la validité du titre primordial. (*Ibid,* art. 71.) La liberté contre ces charges étoit accueillie aussi favorablement que leur maintien sans titre étoit repoussé avec sévérité.

(3) Parmi les choses imprescriptibles, parce qu'elles étoient inaliénables, le domaine de la couronne, déclaré inaliénable par l'édit de Charles VI, du 14 février 1401 (vieux style), par l'édit de François I*er*., du 30 juin 1539, par l'ordonnance de Moulins, du mois de janvier 1566, rendue sur le vœu de la nation assemblée en états-généraux, tenoit le premier rang. Aucune possession ne pouvoit les morceller.

Il n'en étoit pas ainsi des choses dont l'aliénation, pour être valable, avoit besoin d'une autorisation expresse du souverain, par des lettres-patentes enregistrées dans les parlemens, après information sur l'utilité ou les dangers de l'aliénation ; quelquefois avec le concours des deux puissances ; telles que les choses sacrées, les biens de l'église, ceux des corporations et établissemens publics, civils ou religieux ; la loi romaine se bornoit à retarder de dix années la durée nécessaire pour prescrire. *Nullum jus privatum vel publicum… quod prædictorum quadraginta annorum extinctum est jugi silentio, moveatur.* L. 4, C. *de præs. 30 vel. 40 ann.* « Qu'on ne réveille aucun » droit soit privé, *soit public,* éteint par

» un continuel silence de trente ou quarante
» ans. » Il en étoit de même quant à la propriété des immeubles ; *voyez* la loi der.
C. *de fund. pat.,* et la nov. 131 , ch 6 ; « par
» quarante ans contre l'église, » portoit l'article 123 de la coutume de Paris.

(4. Cette addition de dix années à la durée de la possession nécessaire pour prescrire , suivant le plus ou le moins de droit
que le propriétaire ou le créancier avoient
d'être à l'abri de la prescription, donna lieu
à une question qui partagea long - temps
l'opinion des magistrats et des jurisconsultes.

Il ne paroîtra pas inconvenant de l'expo-
ser en peu de paroles.

L'objet des lois qui ont autorisé la prescription des actions comme celle des propriétés , a été de fixer un terme à l'incertitude et aux procès , en même temps
que de punir la négligence du créancier
ou du propriétaire qui n'avoient pas veillé
à la conservation de leur chose. Toutes
les actions personnelles sont éteintes par
le silence du créancier pendant l'espace
de trente années ; mais il eût été également injuste et contraire au bien public
d'accorder une si longue durée à la charge

dont l'hypothèque grève la propriété entre les mains des tiers.

Les lois assimilent cette espèce à celle du tiers détenteur qui a acquis de bonne foi de celui qu'il avoit un juste motif de regarder comme propriétaire, quoiqu'il ne le fût pas; elles veulent qu'un tel acquéreur ne puisse être troublé, si le véritable propriétaire ou le créancier hypothécaire ont négligé de se faire connoître et d'exercer leur action, pendant dix années entre présens, vingt ans entre absens, c'est-à-dire, entre domiciliés hors les limites de la même province, du même bailliage, suivant le sens que nous donnions, dans notre ancien droit, à ces mots.

Ce droit, favorable au tiers-détenteur, ne pouvoit servir à la libération du débiteur qui étoit resté en possession de l'immeuble hypothéqué, contre lequel se réunissoient les deux actions, la personnelle et l'hypothécaire.

Les anciennes lois romaines avoient porté la rigueur jusqu'à faire produire à la convention accessoire, principe de l'hypothèque dans ce droit, l'effet d'affecter tellement l'héritage hypothéqué, que l'action personnelle devînt imprescriptible.

L'empereur Justin modéra cette sévérité par la loi *Cum notissimi C. de præs.* 30 *vel* 40 *annorum* ; mais jugeant qu'il étoit nécessaire de donner quelqu'effet à la convention productive de l'hypothèque, il ne permettoit au débiteur, détenteur de l'immeuble hypothéqué, d'opposer à son créancier d'autre prescription que celle résultante d'un silence de quarante années.

Cette loi convenoit - elle aux principes de notre droit français d'alors, dans lequel l'hypothèque étoit l'effet, non d'une convention accessoire à l'obligation principale, mais de la seule authenticité de l'acte qui renfermoit cette obligation ? Ce fut pendant long-temps une question controversée entre nos jurisconsultes ; l'avis le plus commun étoit d'adapter à notre usage les dispositions de la loi romaine. La jurisprudence avoit changé ; on jugeoit que la prescription trentenaire qui éteignoit l'action personnelle du créancier, emportoit parmi nous l'extinction de son accessoire.

DROIT NOUVEAU.

Toutes ces difficultés sont applanies par le nouveau code, non-seulement en ce que

la plus longue prescription est limitée à
trente années, comme nous le dirons ci-après;
mais en ce que, bien que *les choses qui ne
sont pas dans le commerce*, ne soient pas
susceptibles de prescription tant qu'elles de-
meurent en cet état; *Code civil, art.* 2226,
les établissemens publics, les communes, la
nation elle-même, *sont soumis aux mêmes
prescriptions que les particuliers, et peuvent également les opposer.* Ibid, *art.* 2227.

VI.

Des personnes contre lesquelles ou
prescrit, et de la suspension et interruption de la prescription.

(1) « La prescription court contre toutes
» personnes, à moins qu'elles ne soient dans
» quelqu'exception établie par la loi. »

Code civil, art. 2251.

Ce principe, commun à notre ancien et
au nouveau droit, est la conséquence de la
loi première, digest. *de usurp. et usucap.*

Bono publico usucapio introducta est....

« La prescription a été introduite par un

» motif d'intérêt public. » (Afin que la pro-priété ne demeure pas incertaine.)

Les exceptions dérivent d'une source non moins pure.

« Il ne peut y avoir de prescription quand » il ne peut y avoir d'action pour l'inter-» rompre. »

Discours du conseiller d'état Bigot-Préameneu.

C'est ce que les jurisconsultes expriment par cet axiôme: *Contra non valentem agere non currit prescriptio.*

N. B. Qu'il s'agit ici de la prescription ordinaire, non de ce qu'on nomme les *courtes prescriptions*, qui, n'étant autres que les délais fixés par les lois pour intenter une action ou une exception, courrent indistinctement, en vertu de l'autorité de la loi, contre tous ceux qui n'en font pas d'usage, sauf leur recours contre qui il appartient. (Code civil, art. 2278.) Nous en parlerons en son lieu.

Suspension des prescriptions ordinaires.

(1) En faveur des mineurs, des interdits, (des absens, *reipublicæ causd,* comme parlent les lois romaines, « pour cause pu-blique, ») pendant tout le cours de la mino-rité, de l'interdiction, de l'absence.

Code civil, art. 2252.

S'il en étoit autrement , les mineurs , les interdits , étant restitués pour cause de lésion , il ne résulteroit de cette rigueur qu'un cercle vicieux.

(2) Il seroit contre nature que le lien du mariage armât les époux l'un contre l'autre pour la conservation de leurs droits.

(La prescription) ne court donc pas entre les époux. *Ibid* , art. 2253.

Elle ne court point contre la femme mariée dont le mari a aliéné le fond dotal, avec ou sans son consentement ; tant qu'elle est sous la dépendance de son mari , soit commune , soit séparée par contrat de mariage , ou par justice. *Ibid* , art. 2254.

(3) La prescription des tiers (commencée pendant le mariage) est suspendue , toutes les fois *que l'action intentée par la femme* (pour l'interrompre) *eût réfléchi contre le mari.* (Car il est censé avoir empêché sa femme d'intenter cette action.)

Ibid, art. 2256.

Je dis *commencée pendant le mariage ;* car si l'époque du commencement de la possession étoit antérieure , le mariage survenu n'en eût pas suspendu le cours.

C'est le sens que j'ai cru devoir donner à

l'article 2254 du nouveau code, conformément à ce que décident les lois romaines.

Si fundum quem Titius possidebat bonâ fide longi temporis possessione poterat sibi quærere, mulier ut suum marito dedit, eumque petere neglexit vir, cum id facere. possit; rem sui periculi fecit. Nam licet lex Julia quæ vetat fundum dotalem alienari, pertineat ad hujusmodi acquisitionem, non tamen interpellat eam possessionem quæ per longum tempus fit; si antequam constitueretur dotalis fundus, jam cæperat.

L. 16. Dig. *de fund. dot.*

« Si une femme s'est constitué en dot,
» comme sienne, une propriété dont Titius
» étoit en possession, et que le mari ait né-
» gligé de la réclamer, ainsi qu'il en avoit
» le droit, la perte est à ses risques ; car
» bien que la loi Julia, qui défend d'aliéner
» le fond dotal, eût mis obstacle à l'acqui-
» sition de cet immeuble, elle ne l'a pas mis
» à la propriété du tiers, résultante de sa
» longue possession, *si la prescription*
» *avoit commencé avant la constitution du*
» *fond dotal.* »

(4) Il semble superflu d'avertir que « la
» prescription ne court pas, à l'égard d'une

» créance qui dépend d'une condition, *avant*
» *que la condition soit arrivée.*

» A l'égard d'une action en garantie, *jus-*
» *qu'à ce que l'éviction ait lieu.*

» A l'égard d'une créance *à jour fixe,*
» jusqu'à *ce que ce jour soit arrivé.* »

Code civil, art. 2257.

Car, dans toutes ces espèces, le droit du propriétaire n'étoit pas ouvert. Il n'a donc pu agir pour interrompre la prescription.

Telle est l'action de la femme mariée, quand elle dépend de l'option que la femme doit faire entre l'acceptation et la renonciation à la communauté. *Ibid*, art. 2256.

(4) « La prescription ne court pas contre
» l'héritier bénéficiaire, à raison des créances
» qu'il a contre la succession. »

Ibid, art. 2258.

C'est la conséquence de la non-confusion opérée par le bénéfice d'inventaire. *Voyez* au titre *des Successions.*

« Elle court contre une succession va-
» cante, *quoique non pourvue de curateur.* »

Ibid.

« Cette circonstance ne peut pas nuire
» aux tiers, qui ne pourroient pas même,
» *sans interrompre la prescription,* faire

» nommer un curateur à raison de cet inté-
» rêt. » *Discours du conseiller d'état* Bigot-
Préameneu.

« Elle court encore, pendant les trois
» mois, pour faire inventaire, et les qua-
» rante jours, pour délibérer. »

Ibid, art. 2259.

De l'interruption.

La suspension de la prescription en retarde
le complément; l'interruption l'anéantit.

Deux espèces d'interruption, naturelle
et civile. *Ibid*, art. 2242.

Naturelle, par la cessation de jouissance
du détenteur pendant une année; car ce
terme est nécessaire pour qu'il y ait interversion de la possession. *Ibid*, art. 2243.

Voyez ci-dessus, *de la complainte et des
interdits*, du droit romain.

Civile, par la saisie mobiliaire ou immo-
biliaire du débiteur, par un simple com-
mandement, par toute action tendante à le
déposséder, pourvu qu'elle ne soit ni nulle,
ni périmée, ni abandonnée.

Ibid, art. 2244, 2245, 2247.

Par la reconnoissance du débiteur.

Ibid, art. 2248.

La simple citation en conciliation devant le juge de paix , n'interrompt la prescription qu'autant qu'elle est suivie d'assignation devant le tribunal , *compétent ou incompétent;* car l'incompétence du tribunal ne suffit pas pour empêcher la continuation de la prescription.

Ibid , art. 2245.

Effet de l'interruption soit naturelle , soit civile, relativement aux débiteurs solidaires , leurs héritiers , leurs cautions.

L'interruption de la prescription relativement à l'un des débiteurs solidaires , l'anéantit pour tous.

L'interruption de la prescription de l'un des héritiers de plusieurs débiteurs solidaires , ne l'anéantit que pour la part dont cet héritier étoit tenu dans la dette commune.

Ibid , art. 2249.

L'interruption de la prescription vis-à-vis du débiteur principal , l'interrompt vis-à-vis de ses cautions.

Ibid , art. 2250.

VII.

Des diverses prescriptions ordinaires admises par notre ancien droit, quant à la durée de la possession nécessaire pour prescrire, réduites à deux par le nouveau code.

DROIT ANCIEN.

J'ai parcouru, dans les nombres qui précèdent, toutes les prescriptions ordinaires de notre ancien droit ; prescription de dix ans entre présens, et vingt ans entre absens, avec titre et bonne foi ; prescription de trente ans, sans autre titre que la possession seule : *possideo quia possideo* ; « je possède parce que je possède, » de toutes les actions personnelles ; possession de quarante ans contre l'église, ou corporations civiles et religieuses ; prescription de quarante ans, dans le droit romain et dans notre ancienne jurisprudence, quand l'action hypothécaire se trouvoit jointe à l'action personnelle ; prescription de cent ans, qui avoit toute l'autorité du titre primordial.

DROIT NOUVEAU.

Le code civil simplifie ces distinctions, ne reconnoissant que deux ordres de prescriptions ordinaires, la prescription de dix ans entre présens, vingt ans entre absens, et la possession de trente ans. En effet, puisqu'une durée de trente années fut regardée, par tous les anciens peuples, comme celle de l'une de ces générations qui roulent l'une sur l'autre comme les flots de la mer; puisque les actes dont la date remonte à trente années jouissent des priviléges de l'antiquité, *ad minus trigenta... annorum*, dit Dumoulin, sur le paragraphe 8 de l'ancienne coutume de Paris, Gl. 1, n°. 82, pourquoi exigeroit-on une plus longue durée à la possession suffisante pour suppléer le titre translatif de propriété?

J'ai expliqué ce que le droit romain et le nouveau code appellent le titre nécessaire pour abréger la prescription. Ce n'est pas un titre inattaquable, émané du véritable propriétaire; un tel titre n'auroit pas besoin du secours de la possession, pour transférer la propriété; il seroit exécutoire par lui-même; mais un titre apparent, ce que les canonistes nommoient *le titre coloré*, gage suffisant de la bonne foi du débiteur.

La possession trentenaire ne l'exige pas ; elle le présume ; et toutefois si la mauvaise foi du possesseur étoit constante, aucune possession ne couvriroit ce vice. C'est ce que les lois romaines établissent expressément.

Furtivæ res et quæ vi possessæ, nec si prœdicto longo tempore.... possessæ fuerint usucapi possunt : nam furtivarum rerum lex XII tabularum et lex Attilia inhibent usucapionem ; vi possessarum lex Julia et Plautia. Inst. *de usuçap.* §. 2.

« Les choses volées, les choses possédées
» par violence, même lorsque la possession
» a duré le long temps de trente années, ne
» peuvent être prescrites ; car la loi des
» douze tables et la loi Attilia interdisent la
» prescription des choses volées ; les lois
» Julia et Plautia, celle des choses possé-
» dées par violence. »

Code civil, art. 2260, 2261, 2262, 2263, 2279, 2280.

Les lois romaines ne fixoient pas la signification de ces mots *présens, absens*, qui déterminent la durée de la prescription avec titre et bonne foi ; notre ancienne jurisprudence exigeoit que les deux parties fussent domiciliées dans le même bailliage ou sénéchaussée.

Le nouveau code, que le véritable propriétaire, qui a dû veiller à la conservation de sa propriété, soit domicilié dans le ressort du tribunal d'appel où est situé l'immeuble contesté. *Ibid*, art. 2265.

S'il y a eu changement de domicile, pendant le cours des dix années, le temps nécessaire pour prescrire sera prorogé du double des années, pendant lesquelles le véritable propriétaire n'aura pas été domicilié dans le ressort du tribunal d'appel où l'immeuble est situé. *Ibid*, art. 2266.

« La bonne foi est toujours présumée; *et* » *c'est à celui qui allègue la mauvaise foi* » *à la prouver.*» Ibid, *art.* 2268.

« Il suffit que la bonne foi ait existé au » moment de l'acquisition. »

Ibid, art. 2269.

Mais « le titre nul, *par défaut de forme,* » ne peut servir de base à la prescription de » dix et de vingt ans. » *Ibid*, art. 2267.

(Car personne n'est censé ignorer les lois.)

« *Après dix années*, l'architecte et les
» entrepreneurs sont déchargés de la garan-
» tie des gros ouvrages qu'ils ont faits ou
» dirigés. » *Ibid*, art. 2270.

VIII.

Des courtes prescriptions.

On nomme ainsi, comme je l'ai observé,
les délais, moindres de dix années pour la
plupart, accordés par les lois pour intenter
une action, ou proposer une exception; après
lesquels celui à qui cette action ou cette exception appartient, n'est plus recevable.

Ainsi, dans notre ancien droit, aux termes
de l'ordonnance de Louis XII, de l'an 1510,
art. 71, il n'étoit permis à personne de faire
action pour obtenir le paiement de plus de
cinq années d'une rente constituée ; aux
termes de l'ordonnance de Charles IX, rendue sur le vœu des états-généraux assemblés
à Orléans en 1560, il n'étoit permis ni aux
mineurs ou interdits, en cas de lésion, ni aux
majeurs, en cas de dol, violence, lésion
d'outre moitié dans les ventes, lésion du
tiers au quart dans les partages, de se pourvoir en lettres de rescision contre les obli-

gations par eux souscrites, après les dix années de la majorité ou de la levée de l'interdiction, pour les mineurs ou interdits; pour les majeurs, après dix ans de la fraude découverte, de la violence cessée, de l'acte de vente ou du partage; ainsi, aux termes de l'article 21 du titre V de l'ordonnance de Louis XIV, de 1673, l'action en paiement des lettres et billets de change étoit prescrite par le silence du porteur, pendant cinq années, à compter du jour du protêt; mais cet objet regarde le code commercial, dont il ne s'agit pas en ce moment.

Toutes ces prescriptions sont confirmées par le nouveau code. *Voyez* les titres *des Obligations en général, du Contrat de Vente, des Successions,* l'article 2277 ci-après, concernant les arrérages de rentes perpétuelles ou viagères; même à titre d'alimens; les loyers de maisons, les intérêts des sommes prêtées, *et généralement tout ce qui se paie par année ou termes périodiques plus courts;*

« Qui se prescrivent par cinq ans. »

Ajoutez, dans notre ancien droit, le retrait féodal, qui se prescrivoit par quarante jours, à compter de la prestation de foi du

vassal, la saisie féodale, par trois années ;
l'action en retrait lignager, par une année, à
compter du dépôt fait par l'acquéreur, de son
contrat, au greffe de la justice seigneuriale.

Toutes ces prescriptions (quant à celles
qui subsistent) courent tant contre les majeurs que contre les mineurs, *sauf leur recours contre leurs tuteurs et curateurs.*

Code civil, art. 2278.

Le nouveau code en introduit d'autres
qu'on peut voir à leurs titres particuliers ;
délais rigoureusement observés dans la nouvelle jurisprudence, qui n'élevoient pas toujours de fins de non-recevoir dans l'ancienne,
quand la loi étoit satisfaite, en quelque temps
que ce fût.

Il en est de même de la prescription de
l'action des marchands, ouvriers, fournis-
seurs à crédit, domestiques, etc., etc., qui,
n'ayant de titres que leurs propres registres,
ne peuvent faire action après le terme fixé
par la loi. Articles 125 et 126 de la coutume
de Paris, confirmés, avec quelques modifications, et développés dans le nouveau code.

Comme ces détails sont de droit purement
positif, nous nous bornerons à renvoyer au
texte de la loi.

Ce qu'il importe d'observer, c'est que ce genre de courtes prescriptions ne forme qu'une présomption de paiement que le demandeur peut détruire en déférant le serment à son adversaire sur la légitimité de la dette; aux veuves et héritiers, tuteurs des mineurs, qu'ils n'en ont point connoissance. *Code civil, art.* 2273. Serment que, dans notre ancienne jurisprudence, les juges ordonnoient d'office, sans qu'il fût requis par la partie. Ne conservent-ils plus la même latitude dans leurs jugemens ?

TITRE XXVII.

RÉSUMÉ GÉNÉRAL, par la loi du 30 ventôse, (21 mars 1804 vieux style) renfermant un supplément aux règles du droit.

C'EST une grande idée des rédacteurs des pandectes d'avoir terminé leur énorme compilation par deux titres ; l'un, *de verborum significatione*, « de la signification des mots, » destiné à des définitions exactes de tous les objets du droit civil ; l'autre, *de diversis regulis juris antiqui*, « des diverses règles » du droit ancien, » ces axiômes fondamentaux, puisés dans le bon sens et l'équité naturelle qui conduisent à la décision des questions les plus épineuses. Ils se fussent montrés dignes de toutes les louanges qui leur ont été prodiguées, si le même ordre que les titres sembloient indiquer se fût rencontré dans l'exécution ; mais ces deux objets sont trop souvent confondus. Trop souvent des espèces particulières se trouvent entremêlées aux principes généraux qui reven-

diquent leur droit exclusif à cette place ho-
norable.

Je me suis proposé d'éviter cet écueil.

C'est ce qui m'a déterminé à placer en
tête de mon livre une histoire abrégée des
variations que notre droit français a éprouvées depuis Clovis jusqu'à nos jours.

Suit un titre *des règles communes à tout
le droit;* non tel que celui qu'on rencontre
à la fin des pandectes, mais qui se réfère
tout entier au développement de cette règle
générale, que « les lois décident les contes-
» tations nées sous leur empire; non celles
» qui leur sont antérieures. »

*Leges et constitutiones futuris certum
est dare formam negotiis, non ad facta
præterita revocari......* L. VI, C. *de leg. et
const. prin.*

J'en ai pris occasion d'examiner les deux
exceptions que la même loi semble apposer
à la règle générale : *Nisi et de præterito
quoque cautum sit, et adhuc pendentibus
negotiis.* Ibid. « Si la loi ne prononce aussi
» sur le passé, et que les affaires ne soient
» pendantes. » J'ai démontré que rien ne
seroit sûr à cette balance ; ce qui m'a mis à
portée de jeter un coup d'œil *sur la rouille*

de nos anciennes institutions , sur la nécessité d'une réforme , et sur le nouveau code des Français , qui place ces mêmes principes en tête de ses dispositions. (Loi du 30 ventôse.)

Passant à ce qui est la matière du droit , j'ai montré comme il s'étend sur la nature entière, *les personnes,* pour qui les lois sont faites , *et les choses.*

Les personnes considérées sous deux points de vue :

1°. Par la nature , mâles et femelles , pères et enfans, et toutes les branches collatérales de cette première division ; le mariage , considéré comme le lien sacré productif de toutes les liaisons qui existent entre les individus qui composent la société ; le divorce , depuis qu'il est admis par nos lois : sous quelles conditions ; la paternité et la filiation , et tout ce qu'on nomme dans le droit *questions d'état.*

2°. Par la loi civile , les citoyens et les étrangers , les majeurs , les mineurs , les interdits , les absens , les présens , et par une suite , toutes les questions de domicile défini si exactement par les lois romaines : *Ubi quis larem ac fortunarum suarum summam cons-*

*tituit , undè non sit dissessurus si nihil
avocet , undè cum dissesserit peregrinari
videtur ; quo cum redierit peregrinari jam
destitit. L. 7. Dig. de incol.* « Le lieu où cha-
» cun établit ses dieux pénates et le siége
» de sa fortune, dont il ne sort pas si rien ne
» l'appelle ailleurs, d'où, quand il le quitte,
» il voyage, où, quand il rentre, il a cessé de
» voyager ; » l'adoption, la tutelle officielle,
la puissance paternelle du droit, romain,
adaptées à nos mœurs.

Ce qui comprend toutes les matières qui
sont l'objet du premier livre du code des
Français. (Loi du 30 ventôse.)

Je me suis attaché spécialement à rapprocher sur tous ces titres notre droit ancien, des
modifications qu'y ont apporté nos nouvelles
lois.

Passant aux *choses* , à la *distinction des
biens* , comme parle le nouveau code, je n'ai
pas cru devoir omettre dans l'exposé des questions auxquelles donnoit lieu, dans notre
ancien droit, la différence du prêt à intérêt
des rentes foncières et constituées, et le développement d'une partie du titre des instituts, *de rerum divisione,* « de la division
» des choses. »

J'ai complété ces détails par un supplément contenant le développement de la division générale des choses en meubles, ou effets mobiliers, et immeubles, étendue par le nouveau code à l'exemple de la loi romaine, aux actions; mobiliaires, si elles ont pour objet une somme d'argent ou autre effet mobilier; immobiliaires, si elles ont pour objet un immeuble ou ses dépendances; ce qui m'a mis à portée de considérer les effets de mobilisation ou immobilisation stipulée par le propriétaire.

J'ai passé aux alluvions, inondations, changemens de lit des fleuves, édification, plantation, et tous les changemens de forme que la matière peut éprouver.

Restoit à définir la propriété; j'ai choisi, avec le nouveau code, la définition de la loi 21, C. *mand. vel contra;* « le droit de jouir » et disposer des choses, de la manière la » plus absolue, pourvu qu'on n'en fasse pas » un usage prohibé par les lois ; *quilibet rei suæ moderator est et arbitrer, nisi lex arbitrium tollat.* « Chacun est le modérateur » et l'arbitre souverain de sa chose, si la loi » n'en limite la disposition; » bien préférable à cet adage des jurisconsultes : *Jus*

utendi et abutendi re suâ ; « le droit d'user
» et d'abuser de sa chose; » car la loi n'autorise personne à abuser.

La propriété est susceptible d'être mor-
cellée par l'usufruit , par les droits d'usage
et d'habitation établis soit par la loi, soit par
la convention ; elle est grevée par les servitudes ou charges réelles des héritages les uns
envers les autres. Ces matières tiennent donc
essentiellement à la définition du droit de
propriété. (Loi du 30 ventôse.)

Ces deux parties du nouveau code n'étoient
encore qu'ébauchées, quand nos législateurs,
obligés de pourvoir aux besoins les plus pres-
sans, après les secousses de notre révolution , avoient débarrassé les deux titres *des
Successions* et *des Donations entre-vifs
et testamentaires ,* des épines de l'ancien
droit, et des entraves du régime révolution-
naire.

Je les avois suivi dans ces détails.

Ce qui met le lecteur à portée de choisir
entre la place qu'elles occupent, dans la loi
du 30 ventôse, et dans ce résumé, et celle
que Domat leur assigne dans ses lois civiles,
considérant la propriété relativement à l'u-
sage que le propriétaire en fait, dans la géné-

ration présente , par les conventions et leurs accessoires, avant de s'occuper de sa transmission de la génération présente à la génération future.

C'est ici surtout que la diversité de nos lois anciennes produisoit des effets plus funestes.

Les principes généraux , ceux relatifs à la succession directe descendante , sont communs à l'un et à l'autre droit. A une seule exception près, le droit que la nouvelle loi accorde aux enfans naturels de venir , pour une portion déterminée par la loi , à la succession irrégulière des père et mère qui les ont reconnus ; non qu'elle les incorpore à la famille, mais à titre d'alimens proportionnels à l'illégitimité de leur origine. Comme dans le droit romain , la luctueuse succession de leurs enfans n'est pas refusée aux ascendans, conjointement avec les frères du défunt, germains , consanguins , utérins , écartant à la fois et l'exclusion des femelles , admise , en ligne directe , par quelques-unes de nos coutumes ; dans toutes, en collatérale , dans les fiefs ; et la distinction des meubles acquêts , conquêts et propres, et les épineuses questions auxquelles donnoit lieu le privilége du double bien.

Les meubles, les effets mobiliers, furent, dans tous les temps, l'apanage du possesseur transmis de droit à son hoir plus proche habile à lui succéder.

Conserver les immeubles dans les familles de celui qui les avoit acquis, fut l'objet des lois romaines dans les substitutions fidéicommissaires; de nos lois municipales, dans la bigarrure de nos coutumes, relatives à ce qu'elles nommoient les propres.

Celles-ci ne se bornoient pas à rechercher quel étoit le plus proche parent dans la ligne par laquelle l'héritage étoit parvenu au défunt; elles subdivisoient cette même ligne en deux branches paternelle et maternelle, accordant au parent plus éloigné, qui tenoit au défunt par ce qu'ils nommoient le côté et ligne, la préférence sur le parent plus proche, qui n'avoit pas cet avantage. Telle étoit la coutume de Paris. Celles-là vouloient que l'héritier des propres remontât en droiture à la souche qui lui étoit commune avec le défunt. Quelques-unes repoussoient toute représentation en collatérale; d'autres l'admettoient à l'infini. Je ne finirois pas, si j'entreprenois de parcourir toutes ces variétés.

Une route plus droite remplace ce labyrinthe tortueux.

A défaut de descendans et d'ascendans,
toute succession collatérale, si vous exceptez
le privilége des frères et sœurs de primer les
autres collatéraux, se divise en deux lignes,
l'une paternelle, l'autre maternelle. A défaut
d'une ligne, l'hérédité entière est dévolue
au parent le plus proche de l'autre ligne ; la
représentation ne s'étend pas à l'infini comme
en directe ; mais la loi identifie tellement les
père et mère avec leurs enfans et descendans, que le malheur de ceux-ci ne les prive
pas du droit de partager par souche la succession de l'auteur commun.

Telle est l'économie générale des dispositions du nouveau code, d'où découlent tous
les principes exposés dans le titre *des Successions*.

L'obligation de l'héritier de constater,
par un inventaire, les forces de l'hérédité,
pour se dispenser de l'obligation d'en sup-
porter les charges sur ses biens personnels,
d'après la règle de droit : *Bona intelliguntur
quæ deducto ære alieno supersunt ;* « on
» n'appelle biens que ce qui reste, déduction
» faite des dettes ; » le droit de renoncer à

l'hérédité, les choses étant entières ; car chacun est en droit de renoncer à un bénéfice introduit en sa faveur ; les rapports que les héritiers en ligne directe sont tenus de se faire l'un à l'autre de ce qu'ils ont reçu de leurs père et mère et autres ascendans ; ou moins prendre en effets de la succession ; car toutes les donations en ligne directe sont censées faites en avancement d'hoirie ; l'égalité des partages ; leur rescision, si la lésion excède la portion déterminée par la loi, et tout ce qui tient à ces maximes puisées dans la saine raison, communes à notre droit ancien, et au nouveau, la longue kirielle des détails nécessaires pour prévenir les procès auxquels ces questions ardues donnoient naissance dans notre ancien droit. Puisse le nouveau code y apporter une telle lumière, qu'elle refreine les tentatives sans cesse renaissantes de l'intérêt personnel pour les troubler !

Donner entre-vifs, c'est préférer son donataire à soi-même ; donner à cause de mort, c'est préférer son donataire à celui que la loi appelle pour le représenter après sa mort ; car l'héritier est, suivant l'expression des lois romaines, *successor in omne jus et cau-*

sam defuncti, « le successeur dans tout le
» droit et les obligations du défunt. »

De ces définitions dérive la distinction des
donations entre-vifs et testamentaires, clairement développée par cette disposition de
l'ordonnance de Louis XV, du mois de février 1731 : « Il n'y aura plus, dans nos états,
» que deux formes de disposer de ses biens,
» à titre gratuit, dont l'une sera celle des
» donations entre-vifs, et l'autre celle des
» testamens et codiciles, » maintenue, dans
toute sa force, par le nouveau code des
Français.

La donation entre-vifs est un contrat par
lequel le donateur gratifie son donataire, et
impose à sa libéralité telles conditions qu'il
lui plaît.

De là la nécessité de l'authenticité de l'acte;
du concours du donateur qui se dépouille,
et du donataire qui accepte sous les conditions que le donateur lui impose; de la publicité, afin que les tiers qui pourroient contracter par la suite avec le donateur, ne soient
pas induits en erreur.

La donation entre-vifs est le plein exercice de la propriété; la donation testamentaire procède d'une illusion que le testateur

se fait à lui-même, qui ne se réalise que par le secours de la loi, quand il s'est renfermé dans les bornes qu'elle lui a prescrites.

Toutes les idées seroient renversées, si celui qui n'a pour perspective que le silence du tombeau étoit autorisé à s'affranchir, par la forme de l'acte, des règles prescrites par la loi.

Ni nos lois anciennes, ni la loi nouvelle, ne tolèrent un tel abus.

Les conditions imposées aux donations entre-vifs se réduisent à trois; la tradition de la part du donateur, l'acceptation par le donataire, la publicité par la transcription sur les registres publics.

Le rapprochement des dispositions de l'ordonnance des donations, de 1731, de celles du nouveau code, a suffi au développement de ces trois conditions.

J'en ai fait connoître l'origine en remontant aux lois romaines.

La matière des testamens est plus compliquée dans ces lois.

L'espèce d'immortalité que le testateur, disposant de sa fortune pour le temps où il ne sera plus, se donne à lui-même, étoit la chimère des Romains.

Autant ils imposoient de formes gênantes à la solennité des testamens, autant ils leur accordoient de pouvoir.

« Que tout ce que le père de famille aura » réglé sur la tutelle de ses enfans et sur sa » fortune, soit observé. »

Uti quisque paterfamilias super tutelâ, pecuniare, rei suæ legassit, ita jus esto, disoit la loi des XII.

J'ai fait connoître les modifications que l'édit du préteur apporta, dans les temps postérieurs, à cette autorité absolue, la distinction des testamens, et de ce qu'on nomma par la suite des codiciles ; les uns transférant le titre d'héritier universel, les autres bornés à des dispositions particulières, et néanmoins ayant assez de pouvoir pour enter sur la succession légale un nouvel ordre d'hérédité, les substitutions fidéi-commissaires, et la nombreuse escorte d'exceptions introduites par le temps, pour diminuer les dangers d'un tel ordre de choses.

Parmi nous, il n'est pas jusqu'aux dispositions des ordonnances de nos rois, rendues sur le vœu des états-généraux assemblés à Orléans et à Moulins, qui ne fussent devenues impuissantes pour mettre des bornes à

l'enchevêtrement d'hérédités légales et testamentaires qui absorboient les fortunes les
plus brillantes.

Dans les pays régis par nos coutumes, le
titre d'héritier est réservé à ceux-là seuls à
qui la loi le confère, sans que les partages,
entre enfans même, approchent plus de cette
égalité que prescrit la nature. Ici les substitutions fidéi-commissaires sont prohibées;
c'est la loi elle-même qui réduit les puînés
au tiers coutumier, qui autorise les renonciations à successions futures, qui les prononce même sans qu'elles soient stipulées.
Là les legs universels, les substitutions fidéi-
commissaires sont autorisées, le choix entre
quatre légitimes est accordé aux enfans lésés;
le préciput et les portions avantageuses dans
les fiefs, la légitime de droit telle qu'elle
est fixée par la coutume, les réserves cou-
tumières ou les quatre quints des propres,
en abandonnant le surplus de l'hérédité, le
douaire coutumier ou préfix, en renonçant
à la succession paternelle. Combien d'épines
que la loi nouvelle a extirpées!

La forme des testamens authentiques,
mystiques ou non, est un peu plus rigou-
reuse que celle des testamens authentiques,

autorisés dans le pays coutumier, beaucoup moins que les superstitieuses formalités du droit romain. Quelques - uns, comme dans les lois romaines, sont exempts de ces formes rigoureuses ; ce sont les testamens militaires et tous ceux faits dans un péril imminent. Partout, le testament olographe entièrement écrit, daté, signé du testateur, a toute l'au-torité que lui attribue la volonté constante testateur. La subtile distinction du droit ro-main entre les testamens et les codiciles, entre l'institution d'héritier et le legs uni-versel, est supprimée. C'est dans les lois ro-maines ; dans les ordonnances de nos rois, et surtout dans celles de Louis XV, de 1731 et de 1735 , que le nouveau code puise les principes concernant la capacité de tester. Ce qu'on nommoit, dans notre ancien droit, la substitution vulgaire, consistant dans la nomination d'un héritier ou légataire uni-versel, pour remplacer celui que le testateur avoit choisi, s'il décédoit ou devenoit inca-pable de recevoir avant d'avoir recueilli, est conservée. Tout vice de prétérition, toute exhérédation des enfans, est supprimée, si ce n'est pour ces fautes graves qui empor-tent la privation du titre et des droits de

citoyen, et cependant les donations entre-
vifs sont révocables pour les causes d'ingratitude du donataire spécifiées par la loi ;
elles le sont par survenance d'enfans au donateur, le tout conformément aux lois romaines et à l'ordonnance de 1731 ; la renonciation à des successions non encore ouvertes,
est prohibée, même dans le contrat de mariage ; les substitutions fidéi - commissaires
sont prohibées ; la réserve de la légitime,
des quartes falcidie et trebellianiques ; ce
que les jurisconsultes nommoient l'exhérédation officieuse, par laquelle le père pour-
voyoit à la subsistance de ses petits-enfans,
en leur laissant *certum quid alimentorum
nomine ;* « l'usufruit de tout ou de partie de
» sa succession à titre d'alimens, » substi-
tuant le surplus à ses petits - enfans, même
sans réserve de la légitime : *Additá causá,*
dit la loi, *et necessitate judicii sui,* « en
» en donnant le motif, d'où résulte la né-
» cessité de son jugement; » sont remplacés
avantageusement par la distribution de tous
les biens du défunt, soit qu'il décède laissant
des héritiers en ligne directe ou en collatérale, en deux classes, les biens disponibles
et les biens non disponibles, avec faculté

accordée aux pères et mères sur la portion disponible qu'ils abandonnent à tous ou à l'un de leurs enfans, aux frères et sœurs, laissant cette même portion disponible, à tous ou à un seul de leurs frères et sœurs, de la grever de restitution au profit *de tous,* non d'un seul ou de plusieurs de leurs enfans. L'interdiction absolue, prononcée par le plus grand nombre de nos coutumes, aux conjoints par mariage, de s'avantager l'un l'autre, pendant le cours du mariage, qui donnoit lieu à tant de fraudes, est réduite, par le nouveau code, conformément à la loi romaine, aux seules dispositions entre-vifs, comme tout ce qui contrarie le vœu de la nature ; l'édit de 1560, qui met un frein aux libéralités que de nouvelles affections porteroient les convolans à de deuxièmes ou autres nôces, à se faire l'un à l'autre, au préjudice des enfans du premier lit, l'est, conformément aux lois 5 et 6, C. *de secund. nuptiis,* au seul premier chef de l'édit, la défense de disposer, à titre gratuit, au profit du nouveau conjoint, d'une portion plus forte que celle d'une part d'enfant, le moins prenant, du conjoint convolant.

La liberté donnée aux conjoints de disposer aux profits l'un de l'autre par testament, n'est plus conciliable avec le don mutuel autorisé par nos coutumes, à défaut d'enfans, ni avec la convention correspondante licite dans le contrat de mariage de leurs enfans. Ce seroit un testament mutuel interdit par nos lois ; je n'ai pas laissé d'en donner une idée dans cet arbre généalogique de notre droit ancien et nouveau.

Telle est l'immense étendue de terrain que j'ai parcourue dans cette portion de mon Analyse, en quelque lieu qu'on la place, soit après les notions préliminaires sur la distinction des biens et la nature de la propriété, soit à l'exemple de Domat, en quatrième ordre, la transmission des biens de la génération présente aux générations futures.

Une carrière non moins variée s'offre à ma vue ; celle *des Contrats et Obligations*, des quasi-contrats, des délits et quasi-délits, et de leurs accessoires.

Je l'esquisserrai avec plus de rapidité ; non-seulement parce que les donations entre-vifs, dont il vient d'être parlé, en font partie, dans l'ordre établi par les lois civiles, mais parce qu'ayant été l'objet de mes derniers travaux, la mémoire en est d'autant plus récente, que des principes exposés suivent les principales questions qu'elle présente.

Le titre *des Contrats* ou *des Obligations conventionnelles en général*, qui comprend non-seulement la nature et les diverses espèces de conventions, les principales règles qui conduisent à leur interprétation, les effets de la solidarité, soit entre les créanciers, soit entre les débiteurs, nommés par les lois romaines *corei stipulandi*, *corei debendi*; « conjoints dans la stipulation, » conjoints dans l'obligation; » l'extinction des obligations par le paiement, par la compensation, par la confusion des deux qualités de créancier et de débiteur, par la sorte de métamorphose qu'on nomme novation, par la rescision ou restitution en entier, pour cause de dol, de violence, d'erreur, de lésion en faveur de ceux à qui la loi permet de faire usage de ce moyen, et jusqu'aux preuves et présomptions qui servent à constater les conventions, est surtout fertile en grands principes de droit. Si j'entreprenois de les rapprocher dans ce résumé, ce seroit une répétition aussi inutile que fatigante.

Ou contracte par le fait comme par les paroles ; ainsi, celui qui a géré les affaires d'autrui à son insu , est comptable , et plus strictement quelquefois que le mandataire qui a négligé de faire usage de la procuration qui lui a été donnée ou qui en a abusé. Celui qui a commis un délit ou quasi-délit est responsable du dommage qui s'en est ensuivi ; c'est la matière du titre intitulé : *Des Engagemens qui se forment sans convention.*

Suit le contrat de mariage , considéré comme accessoire du saint nœud qui en est la base. Deux systèmes se le partageoient, dans nos anciennes lois ; le régime communal et le régime dotal. L'un , modifié par toutes les variétés de nos coutumes , par toutes les conventions autorisées dans le plus respectable des contrats , fondé sur l'union intime des deux époux : *erunt duo in carne unâ ;* « ils seront deux dans une » même chair. » Combien est-il naturel que les fruits de leur industrie , de leur collaboration réciproque , soient communs ! Le nouveau code en fait la loi des conjoints qui n'y ont pas dérogé par une convention expresse ; ce qui m'engageoit dans l'exposition

de toutes les dispositions de notre coutume
sur cette matière ; même des lois abrogées,
telles que celles qui concernent le douaire,
soit coutumier, soit préfix, la continuation
de communauté en faveur de ses enfans mineurs, à défaut d'avoir fait constater par un
inventaire l'état de cette société à l'époque
du décès du prémourant, remplacés l'un et
l'autre par un ordre de choses plus analogue
à la simplicité des nouvelles lois. L'autre
système, celui des lois romaines, qui divise
les intérêts pécuniaires sans altérer l'union
des cœurs ; ne regardant comme sacré que
la dot que la femme apporte à son époux
pour l'aider à soutenir les charges du mariage, inaliénable, inhypothécable même
du consentement de la femme, à la fragilité
de laquelle la loi subvient d'ailleurs par la
nécessité de l'autorisation de son époux ou
de la justice, à son défaut, dans tous les
actes qui excèdent les bornes d'une simple
administration. Tel est l'abrégé de ce grand
titre.

Viennent après la foule des conventions
ordinaires, qu'on peut diviser en deux classes ; les unes dans lesquelles les deux parties
se réunissent pour leur commun intérêt ; les

autres, gratuites d'un côté, intéressées de l'autre; ce qui sert à déterminer le soin que la loi exige de l'administrateur; car tous sont responsables de leur dol, ou de fautes tellement graves, qu'elles le supposent et le font présumer de dol.

Tels sont le contrat de vente, dont l'essence consiste en trois objets, la chose, le prix, le consentement du propriétaire à l'aliénation de ce qui lui appartient.

L'échange, qui remonte à l'origine même de la propriété, aux premières communications entre les hommes.

Le prêt, soit de choses qui se consument par l'usage, qui suppose l'aliénation de la propriété, à la charge de restituer pareille valeur; soit de choses dont on peut tirer profit sans les aliéner; il prend alors le nom de *commodat*.

Du louage, qui ne diffère du prêt et du commodat qu'en ce que l'un est gratuit, sauf la juste indemnité du dommage qui en peut résulter; l'autre a un prix qui le rend participant du contrat de vente. Il n'est pas jusqu'aux services qui ne fassent partie de ce contrat; le temps, l'industrie, les sueurs de l'ouvrier, sont susceptibles de louage, comme tous les autres objets de la vie civile.

Le dépôt, essentiellement gratuit, quelquefois sacré, quand le déposant n'a pas été le maître de choisir son dépositaire.

Le séquestre, qui ne diffère du dépôt volontaire que parce qu'il est ordonné en justice.

La société, image de la fraternité, dont l'égalité proportionnelle est la base, quelle que soit la différence des mises : *Societas speciem quandam fraternitatis inducit ;* « la société présente une sorte de fraternité, » disent les lois romaines.

Le mandat, essentiellement gratuit, même quand le mandataire a stipulé une juste indemnité de ses soins, d'autant plus criminel s'il abuse, ou s'il néglige les affaires qui lui sont confiées.

Les contrats aléatoires, dans lesquels les parties trafiquent de leurs craintes et de leurs espérances.

Enfin, les transactions, qui, étouffant les divisions intestines, auxquelles les passions, les intérêts privés, donnent naissance, ont toute l'autorité de la chose jugée en dernier ressort.

Je n'ai pas compris dans cette liste le cautionnement, parce que, bien qu'il provienne de la soumission de la caution à payer pour autrui, acceptée par le créancier, il est plutôt un accessoire du contrat principal qui le fortifie, qu'une convention primitive; il produit l'effet de la solidarité entre les co-débiteurs, à la seule différence qu'il se divise de droit, et exige la discussion du débiteur principal, avant d'avoir recours à la caution, bénéfices, pour parler le langage des praticiens, auxquels il est comme de style de faire renoncer la caution.

Dans la même classe doivent être placés le gage, le nantissement, qui ne sont que des cautionnemens réels, suivant la maxime : *Plus cautionis est in re quam in personâ;* « il y a plus de sûreté dans la chose que » dans la personne. »

Enfin, l'antichrèse, réprouvée dans nos mœurs, quand la loi repoussoit toute stipulation d'intérêts d'une somme ou autre chose mobiliaire fongible, sans aliénation du capital, nantissement réel, résultant de la tradition d'un immeuble dont la possession momentanée est transférée au créancier, pour que les fruits qu'il percevra représentent les intérêts de la somme prêtée. Ce qui constitue la différence de cet accessoire des obligations, des priviléges et hypothèques ; ceux - ci produits par la cause seule de l'obligation, sans égard à sa date ni à son authenticité ; *Privilegium ex causâ;* ceux - là, pleins d'embarras dans notre droit ancien ; résultant, dans le droit romain, d'une stipulation expresse ; dans notre droit français, de la seule authenticité de l'engagement qui affectoit de droit tous les biens présens et à venir du débiteur ; d'où résultoit trop souvent, sous une vaine apparence de richesses, une indigence réelle. De là l'action en délaissement par hypothèque, correspondante, dans nos lois anciennes, au déguerpissement pour raison des rentes foncières, la fictive formalité des décrets volontaires, seul moyen que le nouvel acquéreur eût pour purger les hypothèques ; non sans danger d'être évincé, ou forcé d'enchérir de nouveau, si la multitude des créanciers excédoit le prix porté au contrat. Les lettres de ratification avoient été substituées, par l'édit de 1771, à ces dispendieuses formalités, et avoient remédié aux entraves qu'elles opposoient à la circulation, sans parer aux inconvéniens résultant de l'universalité de l'hypothèque et du défaut de publicité ; d'après la règle de droit : *Qui prior est tempore, potior est jure;* « celui » qui est le plus ancien est préférable en » droit ; » principe qui n'admet qu'une seule exception, la nullité des engagemens contractés par le débiteur en faillite, dans les dix jours antérieurs à l'époque de la faillite déclarée. D'autres chocs avoient porté la cognée à la racine de l'arbre, pendant le cours de la révolution ; non sans de dangereuses et irréparables secousses. L'ordre renaît du désordre même; aucun ne peut hypothéquer ses biens à venir ; l'hypothèque légale et l'hypothèque judiciaire affectent seules l'universalité des biens du débiteur ; l'hypothèque conventionnelle ne résulte, comme dans le droit romain, que de la seule stipulation des parties ; nul privilége, nulle hypothèque, n'affectent l'immeuble engagé, si la stipulation n'est consignée en des registres publics, ouverts à tous ceux qui ont intérêt de les consulter. Tel est l'extrait des dispositions du nouveau code sur cette matière.

Successions. — Donations, etc. 17

Les nouvelles règles concernant l'expropriation forcée du débiteur qui ne satisfait pas à ses engagemens , dispensent d'entrer dans la longue et ennuyeuse discussion des questions auxquelles donnoit.lien , dans notre coutume, le titre des criées, et nos anciennes lois qui y sont relatives ; ces matières tiennent d'ailleurs plus à la procédure qu'au code civil.

La rigueur des lois romaines présentoit pour sûreté, au créancier , la personne même du débiteur, qu'il réduisoit en servitude. Cette barbarie fut l'une des causes des troubles intestins qui agitèrent la république romaine pendant toute sa durée ; les empereurs avoient tempéré ce droit rigoureux , la douceur du christianisme l'avoit entièrement aboli ; il n'étoit permis , dans notre ancien droit , de stipuler que le débiteur seroit contraignable par corps qu'en des cas privilégiés , résultans ou de la mauvaise foi prouvée du débiteur , ou fondés sur de puissans motifs d'intérêt public. Le nouveau code confirme ces maximes saintes.

Restoit à dire un mot du plus ancien des titres de propriété , la possession. « En » parité de droit, la condition du posses-

» seur est préférable; » *In pari causâ melior est conditio possidentis*, disent les lois
romaines. La seule possession paisible, pendant une année entière, suffit pour donner
le droit au possesseur d'être réintégré, s'il
a été troublé par voie de fait; tels étoient
les interdits du droit romain, *la complainte
en cas de saisine et de novelleté de notre
coutume.* Ces principes sont communs à
notre droit ancien et nouveau; le tiers
détempteur, avec *titre apparent,* prescrit
par dix ans entre présens, vingt ans entre
absens; il y a absence, dit la loi nouvelle, toutes les fois que la partie à laquelle on oppose la prescription n'étoit
pas domiciliée dans le ressort du tribunal
d'appel où les biens sont situés; la possession nécessaire pour prescrire doit avoir
trois conditions; de n'être « ni entachée
» de violence, ni secrète, ni précaire; »
Nec vi, nec clam, nec precarario; car
le possesseur précaire ne possède pas pour
lui-même, mais pour celui qu'il représente.

Sous ces conditions, le plus paisible possesseur prescrit sans titre, même contre le
légitime propriétaire, par trente années;
c'est la plus longue durée que le nouveau

code exige pour mettre fin à l'incertitude des propriétés.

Il est un autre ordre de fins de non-recevoir, qui résulte des délais fixés par les lois pour intenter les actions. On les nomme *courtes prescriptions*, reconnues par la loi nouvelle et par les lois anciennes.

Elles courent contre le mineur, contre l'interdit, comme contre le majeur, contre les corporations comme contre les particuliers, contre l'absent comme contre le présent; sauf le recours de celui qui étoit en la puissance d'autrui, contre ses tuteurs, curateurs, administrateurs.

Que reste-t-il pour compléter le grand œuvre que j'ai entrepris ?

De parcourir le détail de nos lois abrogées ; notamment les décombres de ce gouvernement féodal, qui formoit, dans notre ancien droit, comme un code particulier, entièrement inconnu aux législateurs romains.

Suam ignorantiam prodiderunt qui feudorum inventionem et originem ad jus romanum traxerunt et identidem fluxisse futilibus quibusdam conjecturis scripse-

runt. Dumoulin in Cons. Par. Tit. 1 *in verbo*
PARIS, n°. 3.

« Ceux - là ont montré leur ignorance,
» qui rapportent au droit romain l'inven-
» tion et l'origine des fiefs, et se livrent à
» de futiles conjectures pour soutenir que
» le régime féodal en est découlé. »

J'avois formé le projet d'en présenter ici
une courte esquisse, comme monument de
notre histoire ; et je l'eusse exécuté, sans
la crainte de nuire, par cette surcharge, à
l'harmonie de nos lois anciennes et nouvelles, sur tous les objets de la vie civile.

Rendons grâces bien plutôt à la Provi-
dence, qui faisant sortir le bien du mal,
comme elle débrouilla le cahos, a tari cette
source féconde de procès ; rendons grâces
au héros qu'elle a choisi pour seconder ses
vues bienfaisantes.

« O roi des hommes ! Agamemnon, je
» commencerai par toi ; (je finirai par
» toi) car tu règnes sur un grand peuple.
» Jupiter t'a confié le sceptre et tout ce
» qui tient à l'exercice de la justice, afin
» que tu prennes conseil pour tous. C'est
» donc à toi de parler le premier ; d'é-
» couter ensuite, et procurer aux autres

» les moyens de te dire ce que leur esprit
» leur suggère pour l'utilité commune;
» de décider enfin; car à toi appartient
» l'empire. »

Iliade, chant 9.

ADDITION.

Tome Ier., page 81.

Titre *des Personnes* , §. IV , n°. 5 , acte respectueux exigé des contractans , qui , ayant atteint l'âge fixé par l'article 148 du nouveau code, (25 ans pour les mâles , 21 ans pour les femelles) peuvent contracter mariage , sans le consentement de leurs pères, mères , aïeuls et aïeules , *ajoutez* six articles , (omis dans les premières éditions du code civil) 152 , 153 , 154 , 155 , 156 , 157 , qui rapprochent la loi nouvelle des anciennes.

Les art. 152 et 153 distinguent le cas auquel les contractans ont atteint l'âge prescrit par nos anciennes lois , 30 ans pour les mâles, 25 pour les femelles , un simple acte respectueux , notifié aux auteurs de leurs jours , suffit pour qu'il puisse être passé outre à la célébration du mariage ; depuis 21 ans accomplis , pour les femelles , jusqu'à 25 , et pour les mâles , 25 ans jusqu'à 30 , trois notifications de l'acte respectueux de mois en mois sont nécessaires ; il ne peut être procédé à la célébration qu'un mois après la signification du dernier de ces actes.

L'art. 154 règle la forme de ces actes et de leur notification, par deux notaires, ou par un notaire et deux témoins, et exige qu'il soit fait mention de la réponse de l'ascendant.

L'art. 155 ordonne qu'en cas d'absence de l'un des ascendans mentionnés aux articles précédens, il sera procédé au mariage en vertu du jugement par lequel l'absence aura été déclarée, (*voyez* ci-après) et à défaut de jugement qui ait déclaré l'absence, d'un acte de notoriété, délivré par le juge de paix du lieu où l'absent avoit son dernier domicile, sur la déclaration de quatre témoins appelés d'office par le juge.

Enfin, les articles 156 et 157 règlent les amendes et autres peines encourues par les officiers de l'état civil qui contreviendroient à ces dispositions.

AVERTISSEMENT

relatif à la Table de réduction ci-jointe.

L'Analyse du Droit Français ayant
paru par cahiers, avant que le corps législatif eût adopté, par sa loi du 30 ventôse
an 12, une seule série authentique de tous
les articles qui le composent, il étoit impossible que ces différentes séries, qui se croisoient dans les diverses éditions du *Code
Civil*, ne produisissent quelqu'embarras
dans la citation de ces articles.

C'est pour parer à cet inconvénient que
j'ai joint à mon ouvrage la table de réduction suivante, au moyen de laquelle il sera
facile de vérifier les textes cités, quelques
numéros qu'ils portent, et de s'assurer, par
la conférence des diverses éditions du code,
qu'il n'a rien été omis des dispositions de la loi.

*TABLE de réduction et de concordance
des diverses séries qui composent les
titres du* Code Civil, *en une seule, conformément à la loi du 30 ventôse an 12,
jusqu'au titre X du* Contrat de Mariage.

LIVRE PREMIER.

Les anciennes séries correspondent exactement,

dans les premiers titres, jusques et y compris l'article 151 du titre V *du Mariage.*

Ici se trouve une série de six articles, concernant les *actes respectueux* des enfans à leurs père et mère, omise dans l'ancienne distribution. Elle forme les articles 152, 153, 154, 155, 156, 157 de la nouvelle série.

A l'art. 152 – 222, *substituez* l'art. 158 – 228.

TITRE VI. DU DIVORCE.

A l'art. 223 – 305, *substituez* l'art. 229 – 311.

TITRE VII. DE LA PATERNITÉ ET DE LA FILIATION.

A l'art. 306 – 336, *substituez* l'art. 312 – 342.

TITRE VIII. DE L'ADOPTION ET DE LA TUTELLE OFFICIELLE.

A l'art. 337 – 364, *substituez* 343 – 370.

TITRE IX. DE LA PUISSANCE PATERNELLE.

A l'art. 365 – 381, *substituez* 371 – 387.

TITRE X. DE LA MINORITÉ, DE LA TUTELLE ET DE L'ÉMANCIPATION.

A l'art. 382 – 481, *substituez* 388 – 487.

TITRE XI. DE LA MAJORITÉ, DE L'INTERDICTION ET DU CONSEIL JUDICIAIRE.

A l'art. 482 – 509, *substituez* 488 – 515.

LIVRE DEUXIÈME.

TITRE Ier. DE LA DISTINCTION DES BIENS.

A l'art. 510 – 536, *substituez* 516 – 543.

TITRE II. DE LA PROPRIÉTÉ.

A l'art. 537 – 570, *substituez* 544 – 577.

TITRE III. DE L'USUFRUIT, DE L'USAGE ET DE L'HABITATION.

A l'art. 571 – 629, *substituez* 545 – 636.

TITRE IV. DES SERVITUDES OU SERVICES FONCIERS.

A l'art. 630 – 703, *substituez* 637 – 710.

LIVRE TROISIÈME.

DES DIFFÉRENTES MANIÈRES DONT ON ACQUIERT LA PROPRIÉTÉ.

Dispositions générales.

A l'art. 1 – 7, *substituez* 711 – 717.

TITRE Ier. DES SUCCESSIONS.

A l'art. 8 – 192, *substituez* 718 – 892.

TITRE II. DES DONATIONS ENTRE-VIFS ET DES TESTAMENS.

A l'art. 183 – 389, *substituez* 895 – 1100.

TITRE III. DES CONTRATS, OU DES OBLIGATIONS CONVENTIONNELLES EN GÉNÉRAL.

A l'art. 1 – 268, *substituez* 1101 – 1369.

TITRE IV. DES ENGAGEMENS QUI SE FORMENT SANS CONVENTION.

A l'art. 1 – 16, *substituez* 1370 – 1386.

TITRE V. DU CONTRAT DE MARIAGE ET DES DROITS RESPECTIFS DES ÉPOUX.

N. B. La loi du 30 ventôse étant intervenue lorsque

j'ai entrepris cette portion de mon *Analyse*, j'ai pensé qu'il étoit de mon devoir de m'y conformer ; et néanmoins les diverses éditions du code civil ont occasionné quelques différences dans les nombres des articles de ces éditions , *bien qu'également complètes.* Je les rapproche, pour la commodité du lecteur , jusqu'au moment où , m'étant aperçu de mon erreur , j'ai abandonné les éditions irrégulières , pour m'en rapporter à la seule série authentique.

A l'art. 1384 – 1578 , *substituez* 1387 - 1581.

TITRE VI. DE LA VENTE.

A l'art. 1589 – 1708 , *substituez* 1582 – 1701.

N. B. Dans les titres suivans , et même dans une partie de celui - ci , ayant reconnu l'erreur dans laquelle m'avoit entraîné la différence des séries des diverses éditions du *Code Civil* , j'ai réformé ce qui n'étoit pas encore imprimé , pour me conformer à la seule série authentique.

COMPLÉMENT

des Tables raisonnées insérées dans le corps de l'Ouvrage.

Première Table renfermant l'introduction et la première partie *des Règles communes à tout le droit* et *des Personnes*, suivant l'ordre des lois civiles de Domat, correspondant aux onze titres formant la première partie du nouveau code.

(*Tome II, page* 101 *et suiv.*)

Deuxième Table contenant la deuxième partie *des Choses*, correspondant aux titres du nouveau code *de la Distinction des biens, de l'Usufruit, de l'Usage et de l'Habitation, et des Servitudes ou Services fonciers.* (Tome II, page 424 et suiv.)

Troisième Table relative à la troisième partie *des Contrats*, renfermant les titres VIII et IX *des Contrats* ou *Obligations conventionnelles en général, des Engagemens qui se forment sans convention.*

(Tome III, page 276 et suiv.)

Quatrième Table.

SECTION TROISIÈME.

SECTION CINQUIEME.

TITRE XI.

DU CONTRAT DE VENTE.

TITRE XII.

DE L'ÉCHANGE. 119

TITRE XIV.

DU CONTRAT DE SOCIÉTÉ.   190

TITRE XV.

DU PRÊT ET DU PRÉCAIRE. 237

TITRE XVI.

TITRE XVII.

TITRE XVIII.

TITRE XIX.

TITRE XX.

TITRE XXI.

TITRE XXII.

DES PRIVILÉGES ET HYPOTHÈQUES, DE L'EXPROPRIATION FORCÉE ET DE L'ORDRE QUI EN EST LA SUITE. 396

TITRE XXVI.

DE LA POSSESSION — MÈRE DE TOUTES LES PRESCRIPTIONS.

TITRE XXVII.

FIN DU COMPLEMENT DES TABLES.

TABLE ALPHABÉTIQUE

des matières contenues dans cette ANALYSE.

Le chiffre romain indique le tome ;
Le chiffre arabe la page ;
Les lettres (*d a*) notre droit ancien ;
Les lettres (*d n.*) le droit nouveau.
Les articles qui ne portent aucune de ces lettres sont communs.

FIN DE LA TABLE ALPHABÉTIQUE.